庆祝中国共产主义青年团成立100周年

——中国共青团百年史话

邵维正 / 主编
李步前　张艳萍 / 编写

青岛出版集团 | 青岛出版社

图书在版编目（CIP）数据

光荣啊，共青团：中国共青团百年史话 / 邵维正主编；李步前，张艳萍编写. -- 青岛：青岛出版社，2022.7
ISBN 978-7-5736-0337-1

Ⅰ.①光… Ⅱ.①邵…②李…③张… Ⅲ.①中国共产主义青年团-历史 Ⅳ.①D293

中国版本图书馆CIP数据核字（2022）第106466号

GUANGRONG A GONGQINGTUAN—ZHONGGUO GONGQINGTUAN BAINIAN SHIHUA

书　　名	光荣啊，共青团——中国共青团百年史话
主　　编	邵维正
编　　写	李步前　张艳萍
出版发行	青岛出版社
社　　址	青岛市崂山区海尔路182号（266061）
本社网址	http://www.qdpub.com
邮购电话	0532-68068091
责任编辑	梁　唯　刘克东　韦雨涓
装帧设计	阅优文化　桃　子
封面设计	乔　峰　咸青华
插图优化	乐道视觉
制　　版	青岛乐喜力科技发展有限公司
印　　刷	青岛新华印刷有限公司
出版日期	2022年7月第1版　2022年7月第1次印刷
开　　本	16开（787mm×1092mm）
印　　张	20
字　　数	400千
书　　号	ISBN 978-7-5736-0337-1
定　　价	45.00元

编校印装质量、盗版监督服务电话：4006532017　0532-68068050
建议陈列类别：青少年读物

写在前面的话

2022年，如约而至。我们迎来了中国共产主义青年团百年诞辰。

1921年7月，党的一大在上海召开，后会议转移到嘉兴，中国共产党在南湖的一艘红船上启航。1922年5月，青年团在广州东园诞生，开启了党领导中国青年运动的光辉历程。

习近平总书记在庆祝中国共产主义青年团成立100周年大会上的讲话中指出：一百年来，在党的坚强领导下，共青团不忘初心、牢记使命，走在青年前列，组织引导一代又一代青年坚定信念、紧跟党走，为争取民族独立、人民解放和实现国家富强、人民幸福而贡献力量，谱写了中华民族伟大复兴进程中激昂的青春乐章。

这是听党话、跟党走的100年。共青团是在党的领导、帮助之下建立和发展起来的。100年来，团的所有工作，归结到一点，就是要当好党的助手和后备军。为了当好助手和后备军，共青团紧紧围绕党和国家工作大局，找准工作切入点、结合点、着力点，团结带领广大青年奋勇前进。为了尽快贯彻落实党的决策指示，共青团往往在党的全国代表大会召开之后，接着就召开团的全国代表大会，传达精神，部署工作，体现出"党有号召、团有行动"的高度自觉。坚定不移跟党走，为党和人民奋斗，是共青团的初心使命。

这是最青春、唯奋斗的100年。奋斗是青春最亮丽的底色。青年人朝气蓬勃，是全社会最富有活力且具有创造性的群体。五四运动揭开了中国新民主主义革命的序幕。从此，朝气蓬勃的爱国青年群体登上了中国历史的舞台。100年来，共青团作为先进青年的群团组织，在中国共产党领导下，带领一代又一代团员和中国各族青年英勇奋斗，始终走在革命、建设、改革的前列，开拓进取，奉献青春、智慧和力量，书写了无愧于人民的壮丽篇章。有奋斗就会有牺牲，在战火纷飞的革命年代，在社会主义革命和建设中，涌现出刘胡兰、董存瑞、黄继光、向秀丽、王杰等一批批英雄人物。

这是练本领、作奉献的100年。要完成党赋予的使命任务，没有本领显然是不行的。当农民就要有种田的本领，当工人就要有做工的本领，当战士就要有杀敌的本领。青年人正处于学习的黄金时期。100年来特别是进入社会主义建设时期以来，共青团带领广大团员青年，积极参加夜校学习，组织青年扫盲队，掀起学毛泽东著作、学理论热潮，喊出"把青春献给祖国"的响亮口号，动员青年向科学进军，广泛开展争当新长征突击手、争创青年文明号等创造性活动，引导团员青年积极投身建设大潮，涌现出无数本领高强、勇于奉献的先进模范。

历史是最好的教科书，中国革命历史是最好的营养剂。作为一名团员青年，要把学习党史与学习团史紧密联系起来。由共青团山东省委提议，应青岛出版集团的约请，我们为广大团员青年量身定制了这本记录党领导中国青年运动百年历史的通俗读物，力求阐明：共青团是一个什么样的组织？它是怎样走过革命、建设、改革的历程的？有哪些英模人物和大事？积累了哪些重要经验？该书在编写和出版过程中，得到了山东省委宣传部的指导和支持。

"自信人生二百年，会当水击三千里。"中国的未来属于青年，中华民族的未来也属于青年。实现中华民族伟大复兴的中国梦，需要一代又一代有志青年接续奋斗。让我们勇敢地接过历史的接力棒，用青春的能动力和创造力激荡起民族复兴的澎湃春潮，用青春的智慧和汗水打拼出一个更加美好的中国。

邵维正

2022年5月

目录

一 我们是光荣的共青团

1. 光荣体现在哪里 / 2
2. 走近共青团中央 / 8
3. 全团带队，让红领巾更加鲜艳 / 12
4. 铭记铮铮誓言 / 15

二 为革命浴血奋战

1. 中国有了青年团 / 20
2. 走向合作 / 29
3. 投身大革命的洪流 / 34
4. 在低潮中奋起 / 41
5. 抗日救国的先锋 / 52
6. 重建青年团 / 59

三 为建设艰苦创业

1. 参加巩固新生政权的伟大斗争 / 68
2. 投身伟大的社会主义革命 / 74
3. 青年突击队 / 81
4. 青年志愿垦荒活动 / 89
5. 培养一代社会主义新人 / 96
6. 把青春献给祖国 / 103

四 为改革勇立潮头

1. 争当新长征突击手 / 110
2. 开展"五讲四美三热爱"活动 / 117
3. 努力培养"四有"新人 / 125
4. 希望工程点亮希望 / 130
5. 青年志愿者在行动 / 137
6. 青年文明号 / 145
7. 中国青年创业行动 / 154

五 为复兴接续奋斗

1. 青春汇聚"中国梦" / 164
2. "青年大学习"引领新时代青年 / 172
3. 带头践行社会主义核心价值观 / 179

4. 青春在抗疫中绽放 / 188

5. 脱贫攻坚当先锋 / 199

6. 阔步跨入新时代 / 208

六 英模辈出的共青团

1. 黄爱、庞人铨：最早牺牲的两名团员 / 222

2. 狼牙山五壮士：宁死不屈，纵身一跃 / 224

3. 刘胡兰："生的伟大，死的光荣" / 227

4. 董存瑞：舍身炸碉堡 / 229

5. 黄继光：用胸膛堵住敌人的枪口 / 232

6. 邱少云：最坚忍的潜伏 / 234

7. 向秀丽：让雷锋决心永远学习的榜样 / 237

8. 雷锋：伟大的共产主义战士 / 239

9. 王杰：一不怕苦，二不怕死 / 241

10. 张海迪："当代保尔" / 244

11. 李向群：与滔滔洪水殊死搏斗 / 246

12. 秦文贵：扎根基层，拼搏奉献 / 249

13. 宋彪：参加世界技能大赛，
　　　　捧回"金牌中的金牌" / 252

14. 苏炳添："跑得最快的亚洲人" / 254

15. 杜富国：排雷英雄战士 / 257

16. 黄文秀：全国脱贫攻坚楷模 / 259

17. 梁小霞：奋不顾身奔赴抗疫最前线 / 262

18. 新时代卫国戍边英雄群体："清澈的爱，只为中国" / 264

七 传承红色基因向未来

1. 始终坚持党的领导 / 268

2. 始终坚持理论武装 / 270

3. 始终坚持爱岗敬业 / 272

4. 始终坚持团结青年 / 277

5. 始终坚持从严治团 / 280

附录 中国共青团历次全国代表大会 / 285

2022年是中国共产主义青年团成立100周年。百年，是一个重要历史刻度。

5月10日，在庆祝中国共产主义青年团成立100周年大会上，习近平总书记指出：一百年来，中国共青团始终与党同心、跟党奋斗，团结带领广大团员青年把忠诚书写在党和人民事业中，把青春播撒在民族复兴的征程上，把光荣镌刻在历史行进的史册里。历史和实践充分证明，中国共青团不愧为中国青年运动的先锋队，不愧为党的忠实助手和可靠后备军。

习近平总书记寄语新时代青年："有责任有担当，青春才会闪光。"

加入共青团这个先进的青年组织，是广大有志青年的光荣梦想。"光荣啊，中国共青团"，是他们从心底发出的最嘹亮的声音，也是他们在新时代绽放芳华的青春誓言。

1. 光荣体现在哪里

光荣啊，中国共青团

我们是五月的花海，
用青春拥抱时代。
我们是初升的太阳，
用生命点燃未来。
"五四"的火炬，
唤起了民族的觉醒，

壮丽的事业，

激励着我们继往开来。

光荣啊！中国共青团，

光荣啊！中国共青团，

母亲用共产主义为我们命名，

我们开创新的世界。

《光荣啊，中国共青团》是共青团的团歌。这青年人熟悉的歌词和旋律承载着共青团百年奋斗的荣光。之所以有这样一份殊荣，是由中国共青团的根本属性决定的。

共青团的根本属性是什么呢？

它体现在这3个方面：中国共产党领导的先进青年的群团组织，广大青年在实践中学习中国特色社会主义和共产主义的学校，中国共产党的助手和后备军。

★ 党领导的先进青年的群团组织

共青团首先是一个群团组织。"群团组织"就是群众性团体组织的简称。群团组织是我们党直接领导下的人民群众自己的组织，包括全国总工会、共青团、全国妇联等。它们虽然是非政府性组织，但在很大程度上行使着部分政府的职能，帮助党起到团结联系各界人民群众的桥梁和纽带作用。

全国总工会、共青团、全国妇联等组织联系的广大人民群众，在战争年代为取得新民主主义革命的胜利作出了重要贡献，在和平时期仍然是坚持和发展中国特色社会主义的基本力量。中华民族伟大复兴的中国梦要靠劳动创造，离不开广大职工群众的辛勤努力，离不开青年一代的接续奋斗，离不开妇女这"半边天"的力量支撑……

共青团是在党的领导下成立的群团组织。党政军民学，东西南北中，党是领导一切的。共青团从无到有，从小到大，最基本的一条就是坚持党的领导，可以说没有共产党就没有共青团。有一个成语叫"众星拱辰"，在中华民族伟大复兴的征程中，如果说"辰"是中国共产党的话，"众星"就是包括共青团在内的党领导下的各种组织。做好党的群众工作，要月明星灿，不能月明星稀，全国总工会、共青团、全国妇联等群团组织更要星光灿烂，充分发挥各自职能作用，共同为实现中华民族伟大复兴的中国梦

2021年7月1日，庆祝中国共产党成立100周年大会上，共青团员和少先队员代表集体致献词，向党致以青春的礼赞，响亮喊出"请党放心、强国有我"的铮铮誓言。

而不懈奋斗。

共青团是党联系青年的桥梁和纽带。中国共产党是中国工人阶级的先锋队，同时是中国人民和中华民族的先锋队，共青团是党领导的先进青年的群团组织。为了保持团组织的先进性，发展青年入团时应当严格按照团章规定的标准和程序办理，要坚持把政治标准放在首位，着重看其是否在学习、生产、工作和社会活动中发挥模范带头作用。这些在新团员入团宣誓的誓词中也有所体现。只有保持团组织的先进性，才能保持团组织的吸引力和凝聚力，将广大青年团结在党的旗帜下。

★广大青年在实践中学习中国特色社会主义和共产主义的学校

人们经常说"解放军是所大学校"。其实，共青团也是一所大学校。学校，顾名思义就是专门进行教育的机构，也就是培养人的地方。党创建团组织最初的设想就是要使之成为中国共产党的后备军和预备学校。纵观百年征程，共青团这所学校出色地培养和教育了一代又一代青年，在承担"学校"职责方面取得了突出的业绩，是一所名副其实的、为党培养接班人的大学校。

正如团歌中所唱的"母亲用共产主义为我们命名"，作为这样一个组织中的一员，理所当然地要信仰共产主义。这就使共青团组织与一般的青年组织有所不同，在这个党领导的先进青年的群团组织中，是用共产主义的光辉旗帜激励和指引青年的，是用科学的理论和教育引导青年的。

实现共产主义是党的最高理想和最终目标。为了实现这一远大理想，共产党制定了民主革命纲领，反对帝国主义和封建主义、官僚资本主义，争取民族独立、人民解放；实现了从新民主主义到社会主义的转变，进行社会主义改造，推进社会主义建设；带领人民以改革开放为强大动力，推

2021年3月4日,浙江省杭州市淳安县团员青年亚运志愿服务队沿千岛湖开展短途骑行活动。

动我国社会主义制度自我完善和发展,坚持和发展中国特色社会主义,朝着实现中华民族伟大复兴的宏伟目标继续前进。

共青团这所学校还具有"在实践中学习"的特点。在革命年代,共青团吸引并团结了一大批青年学生、青年工人、青年知识分子投身土地革命、抗日战争、解放战争的伟大实践。青年们不怕牺牲,浴血奋战,奉献了无数的青春热血。进入社会主义建设和改革时期,从成立青年突击队、青年志愿垦荒队、青年扫盲队,到发起向科学进军、争做青年社会主义建设积极分子、学习毛泽东著作、学雷锋、开展"五讲四美三热爱"、学习张海迪等活动,再到开展"我的中国梦"主题教育实践活动、争做"向上向善好青年"主题活动等,一代代青年在活动中学习成长,奋斗奉献,放飞梦想。

★党的助手和后备军

党领导的事业不是靠一代人或几代人就能完成的。只有不断地用共产主义思想武装广大青年,激励他们为共产主义事业不断奋斗,才能使党的事业后继有人。

早在建党之初,陈独秀等人就提出要组织一个青年团作为党的后备军。为了能吸收更多的青年,甚至提出"加入的条件不可太严"。正因为如此,这一时期团员的数量要远远超过党员的数量。比如,1922年5月团一大召开时,团员总数超过5000人,而7月党的二大召开时,党员总数只有195人。而且,当时许多党的活动都是以团的名义发起和组织的。许多团员就是在参加党的活动实践中,加深了对共产主义的信仰,而后加入了党组织,成为党组织中的新生力量和工作骨干。

不仅如此,党团创建初期,共青团还协助共产党建立了许多党的地方组织。比如,在五卅运动前,福建、四川、陕西、辽宁等省份的一些地区只有团组织而没有基层党组织,另有一些省份如江西、安徽、山西等,团的组织比党的组织大而且分布广。因此,在党的要求下,这一时期共青团

抗美援朝战争开始后,青年团发动广大青少年广泛深入开展抗美援朝宣传活动和拥军优属活动。图为杭州女子中学的青少年慰问志愿军家属。

我们是光荣的共青团

向党组织输送了3000多名超过23岁的团员。这一举措使一些基础薄弱的地方党组织得到了加强，一些没有建立党组织的地方开始有了党组织，为加强党的组织建设作出了贡献。

在革命、建设、改革各个时期，一批批团员积极要求进步，因表现出色而成为党组织的一员。现在，共青团员已经成为党组织发展青年党员的主要来源，28周岁以下的青年入党，一般应从团员中发展，发展团员入党一般应经过团组织推荐。

在共青团的百年历程中，还有一个现象引人注目，就是一大批曾经担任共青团领导干部的同志走上了党和国家的各级领导岗位。比如任弼时、胡耀邦、胡锦涛、李克强等，在经过团组织锻炼后，成为党和国家的领导人。

2. 走近共青团中央

在北京天安门广场的南面，有一座古老的城楼——前门。从这里向东走不远，有一座深色大理石墙面的办公楼，这就是共青团中央机关办公楼。

共青团的全国代表大会和它产生的中央委员会是共青团的全国领导机关。共青团中央委员会受党中央委员会领导，在团的全国代表大会闭会期间领导团的全部工作。

团中央的名称几经变化，经历了漫长的发展历史。

最早的团中央机关是在上海成立的团临时中央局，位于霞飞路新渔阳里6号（今淮海中路567弄6号）。这是一幢两层楼的石库门房子。早在1920年8月22日，俞秀松等8人发起成立上海社会主义青年团时，团的

 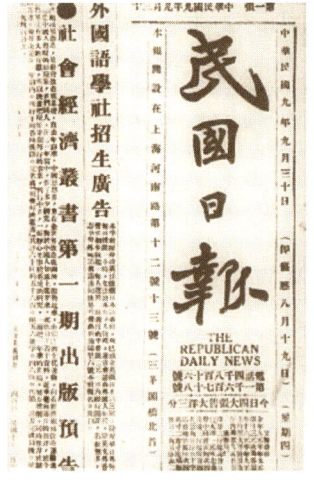

上海社会主义青年团以创办外国语学社作掩护，开展团的工作。左图为上海霞飞路新渔阳里6号社会主义青年团中央机关旧址，右图为外国语学社1920年9月在《民国日报》上刊登的招生广告。

机关就设于此。从1920年9月到1921年8月，在这里创办的外国语学社成为建党、建团初期培养革命干部的第一所学校。

中国共产党正式成立后，中共中央局提出了要加强对青年团领导的要求，首先对上海社会主义青年团开展恢复和整顿工作。按照团的临时章程中的规定，建立了团临时中央局，施存统为临时中央局代理书记。这样，全国的青年团就有了统一的领导机关，团临时中央局同各地团组织建立联系，领导各地团组织的整顿和发展工作。

1922年5月召开的中国社会主义青年团第一次全国代表大会，选举产生了由高君宇、施存统、张太雷、蔡和森、俞秀松等5人组成的团一届中央执行委员会。团中央局作为中央执行委员会的办事机关驻上海，设经济部和宣传部。1933年1月，设在上海的团中央随中共临时中央由上海迁入中央革命根据地。

1934年10月，由于第五次反"围剿"的失败，中共中央和中央红军主力被迫离开中央苏区,开始长征。在中央的统一安排下,大部分共青团干部被分配到各军、师、团政治部做民运工作,在长征途中积极协助党做思想工作和宣传鼓动工作。

1935年11月,中共中央机关进驻瓦窑堡,各方面工作逐步得到恢复。少共中央局(中国共产主义青年团中央局)在瓦窑堡开始恢复,下设组织部、宣传部、军事体育部、少先队总队部、儿童局等。1936年夏,团中央局机关迁入保安县(今志丹县)。

1937年4月,在延安召开西北青年救国会第一次代表大会,决定正式建立"西北青年救国联合会",并选举产生了由55人组成的西北青救会执委会。大会还决定,在全国青年救国会正式成立前,西北青救会执委会作为现有各地青年救国团体的最高领导机关。1938年5月,中共中央青年工作委员会成立。不久后,中央青委与西北青救会机关由延安搬到陕西省泾阳县安吴堡。当时,西北青救会在这里创办了"安吴青训班",用以培养训练青年运动骨干。这个青训班成为一所真正的青年抗日统一战线学校。

1938年10月至11月,在延安召开的西北青救会第二次代表大会,决定成立中华青年救国团体联合办事处,作为全国青年抗日救国运动的领导机关。大会选出青联办执委55人,由7名常务委员和4名候补常务委员组成常务办事机构。自此,全国抗日根据地的青年和少年儿童普遍被组织起来。1939年以后,国民党当局采取"防共""限共"等方针,并且蓄谋发动反共高潮,使得青训班学员的来源大为减少。1940年5月,根据党中央要求,中央青年工作委员会与中华青联办机关以及青训班撤回延安。

1949年4月,中国新民主主义青年团第一次全国代表大会召开,团组织得到了重建。这次大会选举出中国新民主主义青年团第一届中央委员

安吴堡战时青年训练班革命旧址位于陕西省泾阳县安吴堡。

会,由45名中央委员、15名候补委员组成。团中央机关也正式重建成立。1957年5月恢复"中国共产主义青年团"的名称,并一直沿用至今。

团章规定:团的中央委员会由团的全国代表大会选举产生。团的中央委员会全体会议选举常务委员若干人,组成常务委员会;选举第一书记一人和书记若干人,组成书记处。中央委员会全体会议由常务委员会召集,每年至少举行一次。在中央委员会全体会议和常务委员会闭会期间,书记处行使中央委员会的职权。

团中央机关的主要工作任务包括:开展青少年思想引导工作,组织青年服务经济社会发展,服务青少年成长发展,反映和维护青少年发展权益,开展青年统战工作,做好青少年外事工作等。

3. 全团带队，让红领巾更加鲜艳

党在领导革命的过程中，十分重视儿童这支力量，并把他们组织起来协助革命。中国共产党成立后的第二年——1922年，就在安源矿区成立了儿童团组织。这是党建立的最早的革命儿童组织。在1922年9月的安源路矿工人大罢工斗争中，安源儿童团员们胸前飘着红飘带，到街头演讲，演节目，宣传罢工意义，成为中国革命事业中一支不可忽视的生力军。

红飘带是安源儿童团的标志，也是我们今天少先队员佩戴的红领巾的雏形。图为安源儿童团员曾佩戴过的已褪色的红飘带。

大革命时期，党在领导人民大众进行革命的同时，把少年儿童也组织起来，让他们在革命斗争中接受教育和锻炼。党在武汉、上海、广州等大城市建立劳动童子团，委托共青团领导劳动童子团的工作。在子弟学校里，童子团员们读书，唱歌，演戏，做游戏；在斗争中他们人小胆壮，机智勇敢，利用游戏玩耍侦察敌情，为总工会送信。比如，湖南省平江县的一个童子团就曾发起过"吃大户"的创举。什么是吃大户？就是到大土豪家里开仓放粮，大吃一顿。他们的行动虽然带着孩子的稚气与莽撞，却灭了土豪劣绅的威风，长了贫苦农民的志气。

土地革命时期，党在各革命根据地成立了共产儿童团和少年先锋队。他们积极站岗放哨，维护秩序，慰劳红军，在打击敌人、保卫苏区的斗争中发挥了应有的作用。他们年纪虽小，但是工作态度认真。1931年春天，方志敏带着警卫员从葛源出发到外地去巡视工作，路过弋阳西坑村时，几个手握红缨枪的儿童团员要他们出示路条。"没有路条，怎么办呀？"警卫员问。儿童团员说："方主席说过，没有路条就不能通过。"警卫员又说："你们不知道？他就是方主席呀！"儿童团员们看了看方志敏，还是不相信，硬要拉他们到乡苏维埃去。方志敏会见了乡里的干部，当众表扬了这几个儿童团员。

抗日战争时期，党领导下的广大抗日根据地建立了抗日儿童团等组织。儿童团员们在青年救国会的领导下，积极参加抗日救国斗争。他们站岗放哨，保卫边区，看护八路军伤员，为前线送干粮，割草喂军马，等等，做了许多力所能及的工作，有的甚至献出了生命。抗日小英雄王二小是抗

抗日儿童团是广大抗日根据地在抗战中成立的儿童组织。儿童团员们帮助八路军站岗放哨，为前线送干粮，有力地支援了抗战。

战期间众多少年英烈的生动写照。他们在中华民族最危急的时候挺身而出，英勇战斗，为民族解放作出了不可磨灭的贡献。

在解放战争中，儿童团积极参加土改和各种支前活动。他们斗恶霸地主，看守浮财，参加生产劳动，募集粮食物资，缝慰问袋，写慰问信，支援前线，为革命作出新的贡献。晋冀鲁豫边区的儿童团员不但写慰问信，有的还在慰问解放军的鸡蛋上写上生动的歌谣："鸡蛋圆溜溜，活像蒋光头，你们吃了它，打仗多加油。"

在新中国成立前夕，党中央对青年团提出的任务中就包括领导少年儿童工作，要求青年团选派最好的干部领导这一工作。新中国刚成立不久，1949年10月，全国统一的少年儿童组织——中国少年儿童队成立。1953年6月，中国少年儿童队改名为中国少年先锋队，简称"少先队"。从此，少先队蓬勃发展，不断壮大。

1951年6月，中国少年儿童队队员用自己的劳动成果和零用钱支持购买飞机，派出代表参加赴朝慰问团，还给志愿军写信、慰问军烈属。

中国少年先锋队是中国少年儿童学习中国特色社会主义和共产主义的学校，是建设社会主义和共产主义的预备队。中国少年先锋队是由中国共产党领导和创立的，党委托共青团对其进行直接领导。

团章规定，共青团要发扬"全团带队"的传统，健全少先队组织的各级工作机构，加强少先队组织建设，支持少先队创造性地开展组织教育、自主教育、实践活动，保护和关心少年儿童的成长，坚持以社会主义思想和共产主义精神教育少年儿童，引导他们听党的话，好好学习，天天向上，从小学习做人、从小学习立志、从小学习创造，爱祖国，爱人民，爱劳动，爱科学，爱社会主义，锻炼身体，培养能力，学习和实践社会主义核心价值观，努力成长为担当民族复兴大任的时代新人，做共产主义事业的接班人。

少先队员的年龄要求是 6 到 14 周岁；共青团员的年龄要求为 14 至 28 周岁。每一名成为共青团员的哥哥姐姐，都经历过少先队的时光。共青团员就像大哥哥、大姐姐一样，带领着少先队员成长进步。

4. 铭记铮铮誓言

有一位叫蔡复兰的老爷爷，回忆起当初加入"C.Y."（共青团的英文简称）的情景：

> 1928 年 6 月的一夜，海哥通知我，我被正式批准加入"C.Y."！我脸上浮着红晕，心里"扑通扑通"直跳。就在这个夏夜，我和城西党、

团支部的十多个同志，到同福庙祠堂后倒夹子里开会。会场正墙贴有"C.Y."的红纸团旗，土砖上有一根蜡烛，闪着光辉，气氛庄严肃穆。第一项议程，是新团员宣誓。……

"服从命令，牺牲个人；遵守纪律，阶级斗争；严守秘密，永不叛党！"宣誓的声音低沉而又有力。

誓毕，支书发给我们每人一张团费证，依次同我们握手，向我们祝贺。烛光映红了我的脸，照亮了我的心。这年，我刚好满十五岁。

革命年代，在白色恐怖的笼罩下，中国共产党被宣布"非法"，加入共产党成为最大的"犯罪"。因此，入党、入团是一件要冒着生命危险的"杀头的事"。新中国成立后，共产党在全国范围执政，入党、入团成为正大光明的也是非常光荣的事。

当然，党团组织也不是谁想加入就能加入的。只有先进的一小部分人，才能成为其中一员。而且，加入党组织或团组织要履行严格的程序。

以入团为例。根据团中央发布的入团细则，有的基层团组织整理了一套简单易懂的入团流程，称作"入团十部曲"。

一、团组织开展团前教育；

二、申请人递交入团申请书；

三、团支部确定入团积极分子；

四、对积极分子进行教育、培养和考察；

五、团组织确定发展对象；

六、填写入团志愿书；

七、支部大会讨论；

八、上级委员会审批；

九、办理团员证；

十、入团仪式。

其中，申请人要符合的最基本条件是年龄在14周岁以上、28周岁以下的中国青年，承认团的章程，愿意参加团的一个组织并在其中积极工作、执行团的决议和按期交纳团费。当然，具备这些条件还远远不够，只有表现足够突出才能成为入团积极分子。

在培养和考察阶段，对于被确定为入团积极分子的，应有两名团员作介绍人，而且必须接受3个月以上的培养教育，还要参加不少于8学时的团课学习。

在此基础上，申请人才有可能被组织确定为发展对象，领到并填写入团志愿书，再经过团组织的层层把关，最后才能参加入团仪式。

入团仪式是"入团十部曲"的高潮，对每一名团员来说都是一件具有象征意义的大事。其中，戴上团徽，在团旗下进行入团宣誓，是入团仪式必不可少的环节。誓词如下：

我志愿加入中国共产主义青年团，坚决拥护中国共产党的领导，遵守团的章程，执行团的决议，履行团员义务，严守团的纪律，勤奋学习，积极工作，吃苦在前，享受在后，为共产主义事业而奋斗。

有的团组织把入团仪式中的入团宣誓办成了一场深入人心的仪式教育活动——让新团员在家长的陪伴下，走过青春之门，许下庄重誓言，在成长记忆中留下温暖而深刻的共青团印记。

为纪念五四运动100周年,在湖南长沙橘子洲青年毛泽东艺术雕像前,100名来自长沙市各行各业的团员青年代表,在现场共同刺绣完成巨幅湘绣团旗,重温入团誓词。

从这一刻起,你就是一名正式的共青团员了!既然是一名光荣的共青团员,那么就要与非团员青年有所区别。一方面要有团员意识,包括政治意识、组织意识、模范意识等。另一方面要确立共青团员的行为准则,履行团员义务,比如学习党的理论、团的基本知识,在学习、劳动、工作中起模范作用,遵守法律法规等;享有团员权利,比如参加团的有关会议和活动,在团内有选举权、被选举权和表决权,对团的工作提出建议,监督批评团的领导机关和团的工作人员等。

新民主主义革命时期，共青团广泛传播马克思主义，用先进思想启迪青年觉醒、凝聚青春力量，团结带领广大团员青年踊跃投身反帝反封建的伟大斗争，展现出不怕牺牲、浴血斗争的精神风貌。刀光剑影、枪林弹雨，广大团员青年对党忠贞不渝，经受住了生与死的考验，为中国革命胜利贡献了青春、建立了重要功勋！

1. 中国有了青年团

广州，一座有着深厚革命传统的城市。市内的东园是近代一系列重大历史活动的发生地。1919年5月11日，广州约十万群众齐集东园，召开"国民大会"，要求取消"二十一条"，严惩卖国贼，这是五四运动以来广州反帝爱国斗争的第一次行动；1920年5月1日，穗港工人、学生在东园举行五一国际劳动节纪念大会，这是我国工人阶级第一次大规模开展国际劳动节纪念活动（同时举行活动的还有北京、上海等地）；1922年5月5日至10日，中国社会主义青年团第一次全国代表大会在东园召开，标志着中国社会主义青年团的正式成立。

★中国青年的觉醒

中国社会主义青年团的成立，首先是基于民族的觉醒。中华民族是伟大的民族，有着5000多年历史的中华文明为人类进步作出了不可磨灭的贡献。1840—1842年的鸦片战争以后，由于西方列强入侵和封建统治腐败，中国逐步沦为半殖民地半封建社会。国家蒙辱，人民蒙难，文明蒙尘，中

100多年前，中国的一批先进分子和一群热血青年追求真理，燃烧理想，用碧血丹心写就觉醒故事。图为电视剧《觉醒年代》剧照。

华民族遭受了前所未有的劫难。

100多年前，为拯救民族危亡，36岁的陈独秀和26岁的李大钊高举民主和科学的旗帜，在思想文化领域掀起一场向传统封建思想、道德、文化宣战的新文化运动。

陈独秀在《青年杂志》创刊号上发表《敬告青年》一文，呼吁中华青年皆要做到"六义"，即"自主的而非奴隶的""进步的而非保守的""进取的而非退隐的""世界的而非锁国的""实利的而非虚文的""科学的而非想象的"。李大钊在《新青年》发表《青春》一文，号召广大青年"以青春之我，创建青春之家庭，青春之国家，青春之民族"。新文化运动冲破了禁锢人们思想的闸门，掀起巨大的思想解放潮流，唤醒了无数青年，唤醒了时代。

1917年11月，俄国十月革命爆发，这使当时中国的先进分子看到了民族再生的新希望。李大钊率先举起马克思主义的旗帜。从1918年7月起，他先后发表《法俄革命之比较观》《庶民的胜利》《布尔什维主义的胜利》等文章,热情讴歌十月革命是"二十世纪中世界革命的先声"。新文化运动开始逐步由资产阶级启蒙运动转向宣传马克思主义的运动,这意味着中华民族、中国青年的进一步觉醒。

五四运动是中国人民和中华民族自鸦片战争以来第一次全面觉醒。巴黎和会的外交失败,使一部分先进的中国人丢掉了对帝国主义的幻想。瞿秋白撰文指出:"帝国主义压迫的切骨的痛苦,触醒了空泛的民主主义的噩梦。……学生运动倏然一变而倾向于社会主义。"

在国家和民族生死存亡之际,一批爱国青年挺身而出,全国民众奋起抗争,奏响了浩气长存的爱国主义壮歌。这场以先进青年知识分子为先锋,广大人民群众参加的,为拯救民族危亡、捍卫民族尊严、凝聚民族力量而掀起的伟大社会革命运动,推动了中国社会的进步,促进了马克思主义在中国的传播,促进了马克思主义同中国工人运动的结合,为中国共产党和

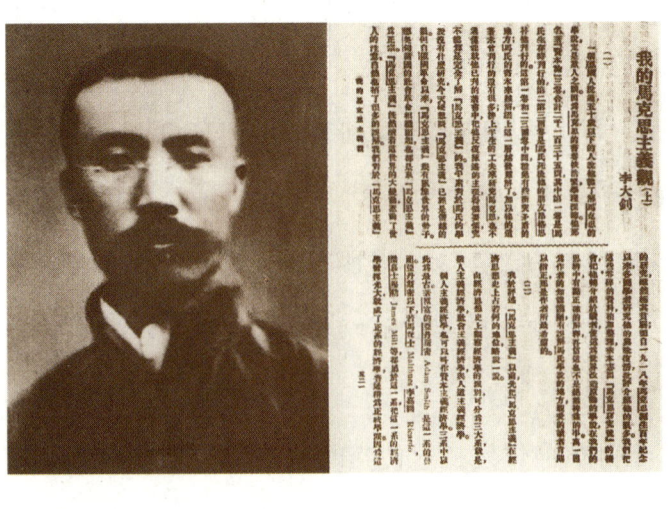

1919年,李大钊在《新青年》上发表《我的马克思主义观》,第一次全面地介绍了马克思主义学说,大大推动了马克思主义在中国的传播。

社会主义青年团的成立做了思想上、干部上的准备，为新的革命力量、革命文化、革命斗争登上历史舞台创造了条件。

1919年5月4日，五四运动爆发。北京大学等学校的学生在天安门前集会，随后举行示威游行。图为当时北京大学学生的游行队伍。

★ 早期青年组织的建立

伴随着一大批先进青年在"觉醒年代"纷纷觉醒，进步青年群体开始逐渐集结在一起。在五四运动爆发之前，全国各地即涌现出一批以学生为主体的进步社团，如"国民杂志社""新潮社""互助社""新民学会"等。

五四运动前后，这些进步社团陆续倾向和接受马克思主义。当时在全国影响很大的新民学会，把宗旨由"革新学术，砥砺品行，改良人心风俗"改为"改造中国与世界"，主张走俄国式的革命道路。新民学会成员毛泽东创办的《湘江评论》积极宣传马克思主义唯物史观，颂扬俄国十月革命，被李大钊赞为全国最有分量、见解最深的刊物。

中国迫切需要新的思想引领救亡运动，迫切需要新的组织凝聚革命力量。五四运动以后，随着中国工人阶级作为独立的政治力量登上历史舞台

毛泽东等在长沙创立新民学会。图为1919年新民学会会员在长沙合影。

和马克思主义在中国的传播,以及一批拥护马克思主义的先进分子的出现,建立以马克思主义为指导的工人阶级政党和青年组织的任务就提上了日程。

1920年8月,上海共产党早期组织成立,陈独秀任书记。10月,北京共产党早期组织成立,李大钊任书记。从1920年秋到1921年春,武汉、长沙、济南、广州,都成立了共产党的早期组织。在日本、法国成立了由留学生和华侨先进分子组成的中国共产党早期组织。

各地共产党早期组织成立后,开展的主要工作之一就是建立青年团组织,组织团员学习马克思主义,参加实际斗争,为党培养后备力量。

1920年8月22日,在上海共产党早期组织的领导下,上海社会主义青年团成立。上海团组织的机关大门口挂起了"外国语学社"的招牌,以公开办学作掩护培养发展骨干。1921年,上海团组织分3批选送青年团员和学社学生去莫斯科学习,其中有刘少奇、任弼时、萧劲光等。

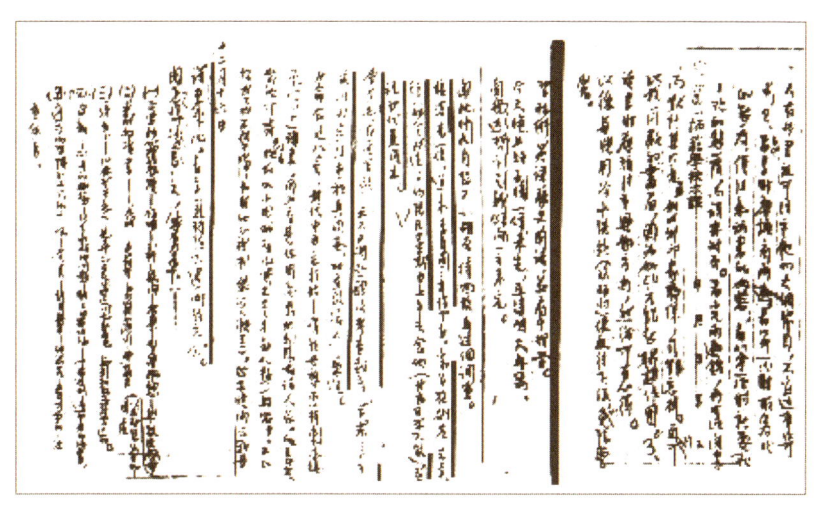

湖南省立第一师范学校学生张文亮的日记，记载了毛泽东在湖南建团的情况。

1920年11月，北京社会主义青年团第一次会议在北京大学学生会办公室召开，到会团员约40人，选举高君宇为书记。

之后，上海、北京的社会主义青年团分别在南方和北方推动各地的建团工作。天津、武汉、长沙、广州等地的团组织纷纷建立起来。但是，这些早期的社会主义青年团大多还只是带有社会主义倾向的团体，团员成分复杂，信仰不一，加上有的骨干去了俄国、经费困难等原因，到1921年5月前后，一些地方的团组织工作被迫停滞。

★中国社会主义青年团的诞生

中国社会主义青年团这株幼苗亟须扶植培育，中国共产党的成立为它的恢复发展提供了坚强有力的保证。中国共产党一经诞生，就把关注的目光投向青年，把革命的希望寄予青年。党的一大专门研究了在各地建立和发展社会主义青年团作为党的预备学校的问题，决定了吸收优秀团员入党的办法。之后中央和各地党组织派了大批党员去恢复和加强团的工作。

不久，出席共产国际第三次代表大会和少共国际第二次代表大会的张太雷从莫斯科回国。中共中央局遂决定由张太雷、施存统等人负责整顿和恢复社会主义青年团的工作。1921年11月，中央局专门发出通告，要求各地党组织切实注意青年运动，对青年团组织的领导要依据团的新章程从速进行。

新的临时章程明确规定社会主义青年团以研究马克思主义、实行社会改造及拥护青年权利为宗旨；临时章程规定正式中央机关未组成时，以上海机关代理中央职权。到1922年5月，恢复和建立团组织的地方有17个，团员达5000人。建立全国统一的社会主义青年团的时机已经成熟。

对于团第一次全国代表大会的会址，其实无论是中共中央局还是团临时中央局起初并未考虑广州。原计划是4月份召开，地点选择的是上海。

中国社会主义青年团第一次全国代表大会会场（油画）

但是，这年的3月6日，中共广东支部的负责人谭平山写信给施存统，详细汇报了广州社会主义青年团组织的概况和活动开展情况，并主动争取团一大在广州召开。党、团中央经过研究接受了广东社会主义青年团组织的建议。

5月5日，中国社会主义青年团第一次全国代表大会在广州东园隆重举行。会议选择在这一天召开别有深意，这一天是马克思诞生104周年纪念日，表明中国社会主义青年团是信仰马克思主义的革命组织。

出席大会的有来自全国15个地方团的25名代表。中共中央局书记陈独秀、青年共产国际代表达林出席了会议。参加会议的还有全国劳动大会代表和来宾。

当天下午，张太雷首先致开幕词。陈独秀作了题为《马克思主义两大精神》的演讲。达林作了题为《国际帝国主义与中国及中国社会主义青年团》的演讲。

大会开了6天，举行了8次会议，听取了施存统作的临时中央局和上海团的情况报告，讨论并通过了《中国社会主义青年团纲领》《中国社会主义青年团章程》等文件。

5月10日晚，大会选举高君宇、施存统、张太雷、蔡和森、俞秀松为青年团中央执行委员会委员，施存统被推选为书记。

在欧洲，旅欧青年团组织"旅

青年团第一届中央执行委员会委员。上左为施存统（书记），右为张太雷，下左为高君宇，中为蔡和森，右为俞秀松。

为革命浴血奋战

欧中国少年共产党"在得知国内已经召开中国社会主义青年团第一次全国代表大会后,通过投票表决,郑重决定加入中国社会主义青年团,改名为"旅欧中国共产主义青年团",成为青年团组织在海外建立最早、人数最多的青年团分支组织。

1922年6月,在法国勤工俭学的赵世炎、周恩来、李维汉等建立旅欧"中国少年共产党"。

中国社会主义青年团第一次全国代表大会的召开,使中国社会主义青年团实现了思想上、组织上的统一,成为在政治纲领和奋斗目标上与中国共产党保持一致的全国性的先进青年组织,中国青年团组织由此正式诞生了,这是中国革命史和青年运动史上的一个里程碑。

2. 走向合作

创建之初的社会主义青年团面临一系列重大课题，有与国民党合作的问题，也有自身建设的问题。在中国共产党的领导帮助下，社会主义青年团在二大完成了自身的重大转变，走向与国民党的合作，为反帝反封建革命新局面的到来奠定了基础。

★中国共产党举起国共合作的旗帜

社会主义青年团成立以后，团中央加强各地团的建设，先后发出几十个通告加以指导，要求各地团组织"均应立刻按照新章改组"，规范了地方团组织的名称、组织批准程序等，从而保证了青年团在初创阶段能健康有序地发展，努力发挥党的助手和预备学校的作用。团员们深入工厂、学校，建立组织，发展团员，积极投身工人运动、学生运动，在反帝反封建的实际斗争中成长。

此时中国两股政治力量正在汇合，一个是孙中山领导的国民党，一个是刚刚建立不久的年轻的中国共产党，从中牵手的是一个化名"马林"的荷兰人。

彼时燃烧在中国各地的红色火焰吸引了邻国俄国的目光，当时的俄国虽然已经建立苏维埃政权，但是也需要国际支持来打破西方国家的封锁。马林有丰富的殖民地国家斗争的经验，在共产国际二大以后，作为共产国际的正式代表，被列宁指派到中国，任务是查明是否需要在中国建立共产国际的机构。

小小红船承载千钧,播下了中国革命的火种,开启了中国共产党的跨世纪航程。图为嘉兴南湖"红船"(复制品)。

马林于1921年到达上海,参加了中共一大,对中国共产党的创建作了贡献。当法租界巡捕房密探闯入会场后,马林建议立即散会,另寻开会地址。最终,在嘉兴南湖的一条游船上,中共一大胜利闭幕,庄严宣告中国共产党成立。

之后,马林分别与中国共产党和国民党的领导人进行了多次会谈,商讨国共两党合作的问题。马林提出的共产党人加入国民党的党内合作方式是孙中山和国民党当时所能接受的唯一方式。

应该说,经过1年的实际斗争,再加上共产国际的指导帮助,中国共产党深化了对中国革命的认识,意识到如果不团结一切可以团结的力量,结成最广泛的统一战线,就不可能把中国革命引向胜利。

1922年7月召开的党的二大不仅第一次明确提出了反帝反封建的民主革命纲领，而且提出联合全国一切革命党派，联合资产阶级革命派，组织民主的联合战线，正式公开提出国共合作的倡议。

但是围绕合作形式问题，党内思想并不统一。8月底，中国共产党在杭州召开西湖特别会议。会议决定在孙中山对国民党实行改组的条件下，原则上同意共产党员以个人身份加入国民党。这为实现国共合作迈出重要的一步。但是党内大多数人内心对于党内合作的形式仍难以接受。

这样的时局变化和党的政策转变，对于党来说是一个重大课题，对于刚刚创建的青年团来讲同样是一个重大课题。直到第二年，团中央才发出三十六号通告，特别指出：团要保持与党的政策上的一致。不过，人们对于加入国民党的必要性的认识仍不统一。

此外，青年团还有其他自身建设方面的工作要去做，比较突出的就是党团关系问题。当时许多党员也是团员，由于党是秘密的，借用团的公开或半公开身份也有利于开展工作，遂造成"党团不分"的局面。与此同时，党团关系是协定还是领导与服从一度陷于一种不明的状态。团中央书记施存统曾就此撰文指出：共产主义的运动，最忌分裂，分裂就是自杀。

应该说，党团关系的问题在创建之初很难被意识到，但是这样的问题处理不好，既不便于党对青年团的正确领导，也不利于青年团的自身建设和发展。

★青年团二大决定团员以个人身份加入国民党

为了适应新的形势，团中央决定于1923年3月召开第二次全国代表大会，并把会议地址初步选在湖南长沙。

1923年3月7日,长沙青年团书记毛泽东复信团中央书记施存统,提议开会日期改在中国共产党第三次全国代表大会之后为宜。毛泽东的提议,正是为了更好地贯彻执行中共三大的决议而作出的慎重考虑,体现出他在党团关系问题上认识的进步。

团中央接受了毛泽东的提议,最终确定会议于8月20日在南京召开。

1923年6月,中国共产党成功召开了第三次全国代表大会。大会鉴于党所面临的严峻形势,正确估计了孙中山和国民党的革命立场,经过充分讨论,通过了《关于国民运动及国民党问题的议决案》,决定共产党员以个人身份加入国民党,实现国共合作,建立统一战线。同时强调党必须在政治上、思想上、组织上保持自己的独立性。会议还通过了《关于青年运动的议决案》,要求社会主义青年团执行大会的决定,积极带领团员青年

中国共产党第三次全国代表大会会址——广州市恤孤院后街31号(今恤孤院路3号)

参加国民运动。

根据中共三大会议精神,中国社会主义青年团第二次全国代表大会如期在南京召开。出席大会的代表有30余人,大会执行主席邓中夏致辞,青年国际代表瞿秋白、中共中央代表毛泽东也到会并致辞。大会通过了关于青年工人运动等工作的决议,通过了《中国社会主义青年团第一次修正章程》等文件。

大会对党团关系首次作了明确的规定。例如,青年团在政治上要完全服从共产党的主张,在工作和组织上要保持一个独立的团体;大会接受中共三大确定的与国民党合作的方针,指出党的三大的方针是最适合中国实际情形的。

大会选举组成新的团中央执行委员会,在二届一中全会上选举刘仁静、林育南、恽代英、邓中夏组成中央局,刘仁静担任团中央执行委员会委员长。

值得一提的是,团中央主管主办的历史最长的红色媒体——《中国青年》的诞生就源于这次团代会。团二大决议出版《团刊》《中国青年》《青年工人》3种出版物,分别面向团员、学生、工人。《中国青年》几经风雨,伴随着奋勇前进的中国共青团,引领着广大青年在革命斗争和国家建设的征途中始终紧跟党走,不懈奋斗。

1924年1月,国民党一大在广州召

1923年10月20日,《中国青年》在上海创刊。图为《中国青年》创刊号。

为革命浴血奋战

开，大会通过的宣言对三民主义作出了新的解释，同中国共产党的民主革命纲领在基本原则上一致，因而成为国共合作的共同纲领。会议通过了《中国国民党章程》，确认了共产党员、青年团员以个人身份加入国民党的原则。大会通过的宣言和章程，是国共合作的政治基础。国民党一大确立了联俄、联共、扶助农工的三大革命政策，标志着第一次国共合作正式形成。

青年团坚定地与共产党站在一起，共同努力，一个以广州为中心、汇集全国革命力量的反帝反封建的革命新局面很快到来。

3. 投身大革命的洪流

20 世纪 20 年代中期的中国掀起了一场巨大的革命风暴。社会主义青年团在党的领导下，为这场伟大革命的到来积蓄力量，并以中国共产主义青年团的新面貌和无私无畏的牺牲精神立于革命洪流潮头，推动大革命走向高潮，作出了积极的历史贡献。

★到黄埔去

1924 年 6 月 16 日，孙中山登上广东黄埔的长洲岛。他此行的目的是宣布一所新办军校正式开学。这所军校就是后来著名的黄埔军校。

黄埔军校是国共合作的第一个"结晶"。这所军校原名陆军军官学校，因校址设于黄埔长洲岛，又被称为"黄埔军校"。它是国共两党的军事摇篮。国共两党之所以创办这所军校，是要为国民革命军培养军事骨干，为大革命培养军事人才。

1924年，国共合作创办陆军军官学校，又称"黄埔军校"。图为黄埔军校旧址。

1924年至1927年，为推翻帝国主义和北洋军阀而掀起的革命风暴席卷大江南北。这场革命的洪流声势浩大，影响广泛，在中国近现代史上是前所未有的。人们通常把它称为中国的"大革命"。

这场革命以"打倒列强，除军阀"为宗旨。打倒列强，就是打倒帝国主义，反对帝国主义侵略宰割中国，使中国从帝国主义统治下解放出来；除军阀，就是推翻帝国主义统治中国的工具——封建军阀势力及其经济基础。当时的封建军阀势力主要是奉系张作霖、直系吴佩孚，以及从直系分化出来的孙传芳。

这是一场伟大的民族民主革命。这场革命发生在20世纪20年代中期，是中国人民反对帝国主义侵略中国的总爆发，是中国人民对封建统治势力大肆出卖国家主权及军阀混战导致民不聊生的必然反应，是五四运动及中国共产党成立带来的伟大民族觉醒的必然结果。

革命是要有武装力量的，创办黄埔军校就是为这场伟大的革命创造条件，为即将到来的大革命积蓄力量。一定意义上说，黄埔军校的创办迈出了大革命的重要一步。正是从中国革命的需要出发，共产党对这项工作高度重视，专门为此发出通告，要求各地迅速遴选中共党员、青年团员前往广州投考。

党对黄埔军校的创办起了很大的作用。就招生而言，由于地方军阀统治区域的招生是秘密的，国民党的地方组织又尚未建立，因此党和青年团就自然在各地的招生中担起重要的责任。

黄埔一期的湖南籍学生有蒋先云、左权、王尔琢等人，在湖南负责秘密招生工作的就是参加了党的一大的何叔衡。上海当时负责大片区域的复试工作，这是国民党上海党部正式挂牌办公的第一项工作，由时任国民党上海执行部组织部秘书、代理文书科主任的毛泽东全面负责。徐向前、桂永清、胡宗南、黄维都是从上海复试过关后前往广州的。

大批团员和青年进入黄埔军校接受军事训练。

在这项秘密而又艰巨的工作中,中国社会主义青年团根据党的指示,结合自身特点和优势做了大量工作。有史料表明,早在1924年3月,青年团广州地委就向团中央报告:国民党将在广州创办军官学校,拟派三四名同志赴考,预备将来参加军人运动。各地团组织按照党的指示,积极动员和选送符合条件的青年团员、进步青年报考。

在党和团的积极组织号召下,大批优秀进步青年怀揣理想信念,从五湖四海奔向广州,"到黄埔去"成为一代有志青年的时尚语言。第一期学员中有共产党员、青年团员五六十人,占学生总数的1/10。据统计,在整个国民革命时期,先后到黄埔军校学习的青年团员达数百人。

党想方设法在学校和学生中发挥革命的政治影响。尽管在黄埔军校没能设立青年团组织,但是中国共产党在学校派驻的党团骨干,主要担负学生的政治引领和政治教育工作。党抓住机会宣传革命思想,扩大党的政治影响,还先后成立火星社、中国青年军人联合会等进步青年组织,开展了卓有成效的政治工作。

1925年2月,以共产党员和共青团员为骨干的中国青年军人联合会在黄埔军校成立。图为中国青年军人联合会第一次代表大会代表合影。

黄埔军校培养造就了一批具有革命精神的青年军事人才。他们成为国民革命军的中坚力量和大革命的军事骨干，在之后的巩固广东革命根据地及北伐战争中发挥了重要作用。社会主义青年团为此作出了重要贡献。

★ 积极投身工农运动

除了培养军事人才，社会主义青年团还紧密配合党培养了一批农民运动骨干。党在四大前后，开始重视把农民发动起来，农民运动由此兴起。在党的建议下，国共两党在广州创办农民运动讲习所，用以培养农运骨干。从1924年7月起共举办了6届，彭湃、罗绮园、阮啸仙、谭植棠、毛泽东等先后主持农讲所工作，培养学员近800人。学员大多是各地选派的中共党员、青年团员，毕业后回各省农村从事农民运动。

国共两党一年来的工作，为大革命高潮的到来做了准备，创造了条件。在国共两党共同奋斗下，反帝反封建思想由南到北传遍全国，革命洪流潮起潮涌，逐渐汇成涤荡帝国主义和封建军阀势力的巨大风暴。

全国范围的大革命高潮是从五卅运动开始的，刚刚改名的中国共产主义青年团，以崭新的姿态和面貌带领团员青年勇敢地站在了斗争的前列。

五卅运动因1925年5月15日上海内外棉七厂日籍职员枪杀工人顾正红而起。事件发生后，党领导共青团通过上海学联发动学生进行抗议和募捐活动，但遭到租界英国巡捕的逮捕镇压。5月28日，中共中央召开紧急会议，决定5月30日到租界举行反帝示威活动。在团中央书记任弼时主持下，团中央立即作了行动部署，中央局成员恽代英担任示威活动的总指挥。当日，大批学生走上街头散发传单，发表讲演。英国巡捕又逮捕了100多人，于是愤怒的群众聚集在老闸巡捕房门口要求释放被捕学生。英国巡捕竟然下令开枪，当场打死10余人，制造了震惊全国的五卅惨案。

这一下子激起全国人民的极大愤怒，深埋在中国人民心中的反帝怒火彻底迸发出来。上海20余万工人罢工，5万余学生罢课，绝大部分商人罢市，随后反帝浪潮迅速席卷全国。6月13日，团中央发布《中国共产主义青年团为反抗帝国主义屠杀中国市民告全国青年》，揭露帝国主义在中国的血腥罪行，号召全国青年继承死者未竟之志，准备进行反对帝国主义的长期斗争。在五卅运动期间，共青团带领团员青年始终站在斗争的前列，有200多名共青团员牺牲在这场斗争中，在青年运动史和中国革命史上写下光辉的一页。

1925年5月30日，英国巡捕向示威游行群众开枪，造成震惊全国的五卅惨案。图为五卅惨案发生地——上海南京路老闸捕房。

★支援配合北伐

五卅运动后，乘着高涨的革命形势和有利局面，1926年，广东国民政府决定出师北伐，扫荡南北反动力量，把革命推向全国。在党的领导下，

五卅惨案发生后，上海人民开展工人罢工、学生罢课、商人罢市的"三罢"斗争，抗议帝国主义的暴行。图为走上街头的罢课学生。

团中央号召广大团员青年从本地实际出发，组织群众积极参加北伐战争。在北伐所经的两湖、江西、福建等地，共青团发动和带领团员青年组织侦察队、交通队等支援各路北伐军。全国各地团的组织响应党的号召，发动大批团员青年南下，参加国民革命军。叶挺独立团系北伐的先遣队，由于英勇善战、不怕牺牲、纪律严明，赢得"铁军"称号。这支名震天下的"铁军"就是以共产党员、共青团员为骨干组成的。共青团和广大团员青年为北伐的顺利进军发挥了重要作用。

与此同时，南方几省的工农运动也出现空前高涨的局面。在党的领导下，上海的工人运动直接上升为武装起义，尽管前两次武装起义失败了，但1927年3月21日的第三次武装起义取得胜利。广大团员青年拿起武器，与共产党员、青年工人一起组成工人纠察队参与巷战，由共青团员、青年工人组成的先锋队在闸北与军阀部队直接交战，为起义的成功贡献了力量。

湖南、广东、湖北、江西等地团组织协助党建立和发展农民协会，建立农民武装，斗土豪劣绅，废除苛捐杂税，破除封建迷信，掀起了前所未

1927年3月，上海工人在中国共产党的领导下，举行了第三次武装起义。上海工人纠察队中既有年轻的共产党员，又有共青团员。

有的农村大革命，带来数千年未有之农村大变动。

在这场轰轰烈烈的大革命中，团组织和广大团员响应党的号召，勇敢地站在革命洪流的潮头。为着崇高的事业，他们充满热情地带领群众展开各个领域各个阶段的斗争。他们不怕牺牲、英勇奋斗，给帝国主义、封建军阀势力以空前猛烈的冲击，以崇高的革命理想和无私无畏的献身精神，为这场伟大的民族民主革命作出了不可磨灭的贡献。

 4. 在低潮中奋起

轰轰烈烈的大革命因国民党反动派的背叛而失败，革命陷入低潮。在革命的危急时刻，共产主义青年团坚定不移跟党走，坚持党的正确领导，捍卫真理，纠正错误，坚持斗争，在低潮中奋起。

★ 坚定不移跟党走

1927年4月28日，38岁的李大钊在北京英勇就义，践行了他为国家为民族"生于青春，死于青春"的人生誓言。当时的《晨报》留下了这位党的主要创始人从容就义的遗照。

李大钊慷慨赴死的前一天，中国共产党五大开幕。蒋介石半月前在上海突然发动了四一二反革命政变，随后，国民党在江苏、浙江、安徽、福建、广东、广西以所谓"清党"的名义，大肆捕杀共产党员、共青团员和革命群众。但是，中共五大未能承担起挽救中国革命的任务，不久汪精卫也背叛革命。

英勇就义前的李大钊，神色泰然，视死如归。

国内政治局势急转直下，原本革命事业如火如荼的神州大地，一时间笼罩在腥风血雨之中，中国共产党、共青团面临被赶尽杀绝的危险，中国革命处于命悬一线的紧要关头。

从1927年3月到1928年上半年，被杀害的共产党员、共青团员和革命群众达31万人，许多是历经残酷斗争考验、经过复杂斗争锻炼的党和团的优秀领导干部和群众运动的领袖，而且非常年轻，如李大钊（38岁）、罗亦农（26岁）、赵世炎（26岁）、陈延年（29岁）、李启汉（29岁）、萧楚女（34岁）、向警予（33岁）、熊雄（35）、夏明翰（28岁）、陈乔年（26岁）、张太雷（29岁）。

党和团的组织遭到破坏，大革命时期建立和发展起来的许多地方组织被打散，一些省委到1928年上半年都未能恢复，不少同志同组织失去了联系，活动被迫全部转入秘密状态。到1927年11月，团员数量由四大召开时的3.7万人减少到1.7万人，革命陷入低潮，中国共产党和共产主义青年团面临着前所未有的严峻考验。

在这危急关头，共产主义青年团坚定不移跟党走，1927年4月下旬，在武汉与共产党、国民党左派一起发起声讨蒋介石的示威大会。参加大会的有近万名青少年。

1927年5月10日，党的五大闭幕的第二天，共青团四大召开。会议进一步明确了共青团的性质和任务，大会宣言指出：共青团是无产阶级青年的革命组织，应当在共产党的领导之下，吸引广大的劳动青年群众参加革命斗争，同时在这些斗争中养成他们的共产主义者的精神。

在形势持续恶化的情况下，为纪念五卅运动两周年，团中央发表宣言，强调了共青团的革命属性，指出青年是最受压迫、最革命、最坚决的战斗员，昭告全国革命青年，革命已经到了新时期，只有毫不顾忌地前进才是生路。

这表明，处于革命低潮的中国共产主义青年团没有被反对派的屠杀所吓倒，仍然坚定不移地做党的忠实助手，决心跟着中国共产党把革命进行到底。

★ 与错误思想作坚决斗争

大革命的失败，固然是国民党右派背叛革命的结果，但从主观上说也是共产国际和陈独秀的右倾错误造成的，是他们对国民党右派一味妥协退让的结果。团中央看到了陈独秀右倾错误的危害，为了维护党对中国革命的正确领导，遂同党内坚持正确主张的同志一道，对陈独秀右倾错误进行了抵制和斗争。

在团中央书记任弼时的组织下，团中央认真议定了一份《政治意见书》，批评陈独秀的退让政策，主张武装工农，开展土地革命。任弼时三次向陈独秀递交《政治意见书》，尽管未达到纠正错误、挽救时局的目的，但在革命的关键时刻，团中央和任弼时坚持原则和真理，直面问题，敢于斗争，在共青团史上写下光彩的一页。

任弼时，在共青团第四次代表大会上被选为团中央书记。

大革命失败后，在极其险恶的政治局势下，团的组织内还新出现了一些错误思想倾向，主要表现为取消主义和先锋主义。

取消主义，主张取消青年团，认为鉴于白色恐怖和现实困难，应该取消青年团，在党内设青年部，把团员充实于党，帮助党发展壮大。还有的主张取消团的政治任务，专心做文化教育等工作。

先锋主义，则主张团领导一切，认为大革命后期"党是机会主义，团是列宁主义"，团可以领导一切斗争。

1927年11月中旬，团中央召开扩大会议，听取了瞿秋白、周恩来代表党中央所作的报告，审查了近期团的政策和行动，对两种错误倾向进行了批评：取消主义倾向产生的原因是脱离群众，没有去分析和研究团面临的新形势、新任务，找不到方向和出路，其危害是削弱了党对青年的政治影响；先锋主义倾向产生的原因是没有认识到青年运动是整个无产阶级革命运动的组成部分、中国共产党是无产阶级唯一的政党，其危害是造成第二党的出现，这将阻碍革命事业的发展。

之后不久，党、团中央又联合发出通告，重申：取消主义和先锋主义是非常错误的；共产主义青年团是青年工农无产阶级的政治组织，是领导青年工农群众在斗争中养成共产主义的精神、输送党的影响到青年中的组织。

团中央在这一阶段还针对党内、团内的"左"倾盲动错误进行了批评和纠正。出于对国民党屠杀政策的愤怒和仇恨，党内、团内有些人产生了近乎拼命的冲动，因盲目暴动造成很多无谓牺牲，不少机关遭到敌人破坏。任弼时及时制止了这种错误行动。他以团刊为阵地，刊发相关评论文章，鲜明地提出要防止"左"的错误。

★ 继续战斗

面对国民党的白色恐怖、屠杀政策，共产党员、共青团员没有被吓倒，没有被征服，更没有被杀绝，他们掩埋好同伴的尸首，又继续战斗。1927年8月1日的南昌起义标志着中国共产党独立领导革命战争、创建人民军队和武装夺取政权的开端，开启了中国革命新纪元。

8月7日，中共中央在汉口召开紧急会议，这就是著名的八七会议。会议总结了大革命失败的教训，批判了陈独秀为代表的右倾错误，确定了土地革命和武装反抗国民党反动派屠杀政策的总方针，选举出以瞿秋白为首的中央临时政治局。会议在革命的紧要关头、危急时刻指明了前进的方向，

南昌起义总指挥部旧址

开始了中国革命从大革命失败到土地革命战争兴起的历史性转变。

为贯彻八七会议精神，共青团于8月12日在武汉召开驻武汉全体中央委员会议，史称"汉全会议"。会议确定了共青团今后的工作方针和任务，号召全团同志切实承担起共青团和中国青年在中国革命中的伟大历史使命。

随后，各地共青团转入地下，坚持斗争，领导或协助党在全国发动百余次武装起义。这些起义中影响较大的有秋收起义、广州起义、海陆丰起义、琼崖起义等。一时间，群雄并起，革命的星星之火燃遍大江南北。

但由于敌我力量悬殊，这些起义大多数失败了。事实证明，在当时的客观条件下，中国共产党人不可能像俄国十月革命那样，通过首先占领中心城市来取得革命在全国的胜利，党迫切需要找到适合中国国情的革命道路。

毛泽东率领湘赣边界秋收起义的队伍在井冈山建立了第一个农村革命根据地，开展游击战争，进行土地革命，建设根据地政权。随着斗争的发展，党先后创建了赣南、闽西、湘鄂西、鄂豫皖、琼崖、闽浙赣、湘鄂赣、湘赣、左右江等根据地。

在这一历史转折的过程中，共青团的作用很大。土地革命战争初期，虽然共青团组织遭到破坏，一度处于涣散、无组织状态，不少团员与组织失去联系，但是仍然有一大批英勇无畏的共青团员在战斗，一些基层组织在发挥作用。特别是汉全会议以后，广大团员在党和团的领导下，积极投身到武装起义和创建农村根据地的斗争中，并且在斗争中恢复和建立组织。

通过一年多的不懈奋斗，团在各地的组织得到恢复和建立，团员人数也得到发展壮大。根据1928年7月共青团五大通过的《农村青年工作决议案》的记述，共青团中央或省的团组织按照党的指示，准备力量协助发

1927年8月7日，中共中央在湖北汉口秘密召开紧急会议，史称"八七会议"。图为八七会议旧址。

井冈山革命根据地是中国共产党领导创立的第一个农村革命根据地。它的创建，为中国共产党领导的各地武装斗争树立了榜样。

动了湘、鄂、赣、粤等省的暴动，还直接领导了琼崖、常德、宜兴等地的暴动，积极参加了湖北、江西、海陆丰以及其他地区的农民暴动，还有未接到党的指示，各地团组织自己领导发动的农民暴动。

共青团五大根据党的六大对中国革命形势、社会性质、革命性质的正确分析和六大制定的复兴中国革命的政治路线，确定共青团的基本任务是把广大的劳动青年团结在党的周围，进一步发动他们参加民主革命，协助党建立红军，建立农村根据地，使共青团的发展迈上新的台阶。

由于全党认真贯彻执行六大路线，中国革命很快出现复兴局面。特别是农村根据地得到迅猛发展，到1930年夏，全国已建立大小十几块根据地，红军发展到约7万人，连同地方革命武装共约10万人。与此同时，随着土地革命的深入以及红军和根据地的发展壮大，根据地共青团组织也得到较快发展，普遍建立和健全了省委、特委、县委以及区、乡、村等各级组织，根据地团员数量发展到10万人。这样的局面在两年之前还不可想象。

革命发展的新形势使中央认识到有必要加强苏区党和团的领导。党的六届三中全会决定建立中共苏区中央局和少共苏区中央局。1931年4月，少共苏区中央局在江西宁都青塘建立，由顾作霖担任少共苏区中央局书记。1932年1月，共青团苏区第一次代表大会在瑞金召开，选举产生新的领导机构，顾作霖任书记。少共苏区中央局的成立统一和健全了根据地内团的组织和领导体制，为苏区团的工作提供了组织保证。1933年1月，共青团中央也由上海迁入瑞金，与少共苏区中央局合署办公，对外称"少共中央局"或"共青团中央局"。

少共中央局机关旧址所在地——江西省瑞金市沙洲坝镇下肖村

少共苏区中央局成立后，为支持党的革命事业作出了很大贡献：

注重对青年的宣传教育和骨干的培养。创办了机关刊物《青年实话》，用以宣传马克思主义理论和对青年进行共产主义教育；开办列宁团校，学员都是14至25岁的青年，学习内容有中共党史、共青团史、政治、地理常识和游击战术等，为根据地培养共青团干部；建立少先队中央总队部和少共苏区中央儿童局，创办《少年先锋》《时刻准备着》等机关刊物，为共青团培养骨干和后备军。

少共苏区中央儿童局机关刊物《时刻准备着》于1933年创刊，以加强对苏区儿童工作的宣传和指导为己任。

动员青年妇女参加劳动。由于青壮年男子参加了红军，苏区劳动力不足。动员青年妇女参加农业生产成为苏区团的一项大事。通过组织女团员带头破除迷信下地生产、开垦荒地、兴修水利、动员小脚女人放脚等措施，逐步使妇女成为农村生产的主要劳动力。

发起节约粮食运动。由于国民党对苏区根据地进行残酷的军事"围剿"和经济封锁，根据地的经济困难是经常的。当时每人每天的定量只有半斤粮。为支援前线，保障红军供给，团组织发起节约口粮的运动，有力地支援了前线。

中央苏区的青年团员开展"青年团礼拜六"活动。图为青年团员帮助军属收稻子。

开展"青年团礼拜六"活动。受列宁曾倡导的"星期六义务劳动"的启发,按照团中央的指示,少共苏区中央局在苏区普遍开展了"青年团礼拜六"活动,主要是帮助苏维埃政府实现优待红军条例——耕作红军公田,帮助红军家属耕田,帮助红军运输与收买粮食。在活动过程中,各级团组织、少先队、儿童团组织耕田队、生产队、服务队,为政府和红军家属耕田、收割,为红军家属挑水、砍柴、做饭。这一拥军优属活动,使红军家属感受到党的温暖和当红军家属的光荣,增强了红军战士参加红军的自豪感,解除了他们的后顾之忧。

组建少共国际师。少共国际师是我军历史上一支传奇的部队,它的成员平均年龄只有18岁左右。这支英雄部队诞生于第五次反"围剿"前夕,是担负"扩红"任务的少共中央局根据红军总政治部的提议而成立的。在少共中央局和江西、福建、闽赣等省团委的努力下,仅仅经过两个多月的筹备,1933年8月5日,少共国际师在博生县(今宁都县)成立,全师共有1万余人,团员占70%以上。

在经过短时间的高强度训练之后,少共国际师9月3日开赴前线,在第五次反"围剿"中屡立战功,后又在湘江之战中掩护主力过江。

遵义会议后,中央军委着手整编部队,少共国际师被编入红一军团,结束了它光辉的历程。少共国际师队伍虽然年轻,但意志品质和其他红军队伍一样,经受住了血与火的考验。少共国际师的战士们在战斗中凝聚出了"先锋少年、淬火成钢、信念坚定、英勇向前"的精神品质,在中国革命史上留下光彩的一页。

《青年实话》刊登的表现少共国际师出征的宣传画。

5. 抗日救国的先锋

抗日战争爆发后,随着民族矛盾的加剧,共青团在党的领导下发动了伟大的一二·九运动,以先锋作用推动全国抗日救亡运动走向高潮。为建立最广泛的抗日民族统一战线,党对共青团进行了改造。中国的青年组织以新的面貌和姿态团结带领爱国青年奔向革命圣地延安,走向抗日前线。

★抗日救亡运动高涨

下面这张《大众生活》杂志封面照片是一二·九运动的标志,但凡了解些中国近现代史的人，大都对这张照片印象深刻。不过，这位在寒风中手持喇叭大声演讲的清秀干练的女子是谁，长期以来并不为人所知，直到近些年来，经学者研究、媒体报道才为社会所了解。

她叫陆璀，当年是清华大学的学生。

1935年12月9日，北平学生高呼"反对日本帝国主义""停止内战，一致对外"等口号，向北平当局请愿。

有人拍下陆璀代表北平学联发表演讲的一幕，并将照片寄给当时《大众生活》的主编邹韬奋，从而留下了这一伟大历史事件的经典见证。

陆璀手拿扩音器发表演讲的照片登在《大众生活》封面上。

九一八事变以后，日本步步紧逼，逐步扩大侵华范围。华北事变之前，日军已推进到长城一线，威胁平津。国民党政府却采取不抵抗政策，对民众的抗日要求不予理睬，对抗日行动进行镇压，引起全国人民的不满和反对。

中国共产党及其领导的青年团与之形成鲜明对比，成为中华民族根本利益的忠实代表。九一八事变后，9月21日，团中央发表《告全国青年书》，号召全国青年起来罢工、罢课、罢市，抗议日本帝国主义的侵略暴行，要求国民党政府出兵抗日。

22日，中共中央作出决议，号召全国人民进行广泛的反对日本帝国主义暴行的群众运动，要求各级党团组织加强学生工作，推进和发展群众性的反对帝国主义运动。

全国各地的青年积极响应党和团的号召,投身到抗日部队和抗日义勇军中。

蒋介石的不抵抗政策助长了日本的侵略野心。1935年,日本对华北提出无理要求,并胁迫国民党"中央军"撤出平津和河北,接着策动"华北五省自治运动",这就是华北事变。平津上空乌云密布,整个华北危在旦夕。中华民族到了最危险的时候!

1935年,中国共产党为建立抗日民族统一战线,发表《为抗日救国告全体同胞书》(即《八一宣言》)。《八一宣言》号召各党派、各界同胞、各军队团结起来,停止内战,一致抗日。

鉴于当时的严峻形势,中共北平临时工作委员会筹划推动抗日救亡运动。根据《八一宣言》的精神,他们提出了团结一切力量共同抗日,争取利用一切公开合法方式开展救亡运动的意见。依靠同北平各大中学建立的关系,他们有步骤、有策略地准备着这次运动。

12月9日,按预先计划由学联组织北平爱国学生向国民党政府请愿。请愿没有结果,随即转为示威游行。而学校在城外的学生因城门紧闭未能进城,他们便在城门外演讲示威。

国民党军警对学生的爱国行动进行残酷镇压,二三十人被捕,数百人受伤。由此开始,一二·九运动迅速波及全国。抗日救亡运动发展成为全国规模的群众运动。

12月20日,团中央发表《为抗日救国告全国各校学生和各界青年同胞宣言》,号召青年学生把抗日救亡运动扩大起来,到工人中去,到农民中去,到商民中去,到军队中去,唤起他们救国的觉悟,推动他们建立救国的组织,及时为运动的发展指明了方向。平津学联响应号召,组成南下

1935年12月9日，北平学生游行示威。

扩大宣传团，走上与工农相结合的道路。

一二·九运动标志着中国人民抗日救亡运动新高潮的到来，具有伟大的意义。毛泽东将它与五四运动相提并论，称它是"伟大抗日战争的准备"。

★ 改造青年团

长征后到达陕北的党中央，于1935年12月在陕北瓦窑堡召开政治局会议，批评了党内长期存在的"左"倾关门主义错误，确立了建立最广泛的抗日民族统一战线的新策略，率先在全国主要政治力量中举起全民族抗战的旗帜，担负起把各种抗日力量汇合起来、共御外敌的伟大使命。

此时的共青团已不能适应形势和党的政策的变化，青年团的改造势在必行。

1936年8月，中共中央书记处在给北方局及河北省委的信中指示，要求不用青年团的名义，而用民族解放先锋队之类的名义去开展青年工作。

平津南下扩大宣传团南下受阻，国民党动用军警、特务进行堵截破坏，这一情况说明中央指示精神的正确和必要。而以南下宣传团为基础成立的中华民族解放先锋队，由此得到迅猛发展，为团结广大青年、促进抗日救亡运动发挥了重要作用。

中华民族解放先锋队深入工农群众，进行抗日宣传。

11月初，中共中央召开政治局会议专题研究共青团的改造问题。会议认为在抗日救亡形势下，共青团的性质与任务应该改变，团组织不应该只有共产主义者参加，更应该吸收广大青年群众参加，应由狭小的组织变为广大青年群众的组织。会议决定要从根本上改造共青团及其组织形式，吸收广大青年参加抗日救国的民族统一战线。

具体办法是：取消国统区团组织，建立公开半公开的各种各样的青年组织；大批吸收团员入党；彻底改变工作方式；根据地和红军中的共青团必须全部改造为青年的联合组织。

1936年12月12日，西安事变爆发，中国共产党以民族利益为重，抛弃前嫌，和平解决了西安事变，以实际行动体现了"兄弟阋于墙，外御其侮"的真诚觉悟，在全国人民当中产生热烈反响。

为争取把最广泛的青年聚拢到抗日救亡的民族事业上来，团中央加快了根据地和红军中的共青团的改造工作。1937年4月，团中央取消，西北青年救国联合会成立，党中央设立青年部（后成立中共中央青年工作委员会），二者共同担负起全国青年运动的领导责任。

1938年10月，西北青年救国联合会在延安召开第二次代表大会。为加强各地青年团体的团结统一与联系，会议成立了中华青年救国团体联合办事处。会后，西北青年救国会、中华青年救国团体联合办事处和中共中央青年工作委员会合署办公，形成以中共中央青年工作委员会为核心的全国青年运动的领导机关。

西北青年救国联合会第一次代表大会旧址

★ 到延安去

党从民族利益出发，顺应形势改造共青团并调整青年工作政策，为更广大的青年敞开了大门。而中国共产党的全面抗战路线、英勇抗战行为及

西北青年救国联合会会员证

体现出的坚定理想信念、焕发出的蓬勃生机和磅礴力量，使中国共产党及其领导的陕甘宁边区成为全民族抗战的中心和模范。

1937年1月，中共中央迁到延安，此时这里成为万众瞩目的"革命圣地"。"到延安去"成为当时向往革命的热血青年和有识之士的共同选择，是这个时代的最强音。

1938年，美国记者埃德加·斯诺撰写的《红星照耀中国》（也称《西行漫记》）中文版出版，引起巨大轰动和反响，成千上万的中国青年因读了此书，纷纷走上革命道路。

大批爱国进步青年，不惜冒着生命危险，冲破国民党设置的重重封锁线和关卡奔赴延安。一位青年在日记中写道：打断骨头连着筋，扒了皮肉还有心，只要有口气，爬也爬到延安城。

截至1943年12月，抗战以后到达延安的进步青年总共有4万多人。经过抗大、马列学院、中央党校等学校的集中培训，他们奔赴抗日前线，奋勇杀敌。

大批沦陷区和国民党统治区的爱国青年奔赴延安。

毛泽东曾经精辟地指出：延安的青年运动是全国青年运动的模范。延安的青年运动的方向，就是全国青年运动的方向。

6. 重建青年团

全民族抗战后期，青年团再建问题被提上日程。伴随解放战争的胜利发展，历经试点、试建、普建3个阶段，新民主主义青年团迎着新中国的曙光诞生。

★枣园座谈提出重建

1946年5月上旬，几个年轻人来到延安，他们是从山东远道而来的青年干部。年初的时候，为掌握地方青年工作委员会的第一手资料，中央指示调华东地区的部分青年干部到中央汇报情况。接到任务后，这几个年轻人风雨兼程，突破国民党军队的一道道封锁，历经80多天的长途跋涉，终于到达延安。

他们一到，就被召集与中共中央青年委员会的工作人员、部分陕甘宁边区的青年干部座谈，研究新形势下解放区青年工作的办法和措施。座谈情况定期汇报到枣园任弼时那里，一次听完汇报之后，任弼时问在场的人是否可以建立青年团，这为党的青年工作指明了方向。

抗战时期，共青团因要争取最广泛的青年参加党领导的抗日民族统一战线而被取消，但党的青年工作并没有停止，反而发展壮大，促进了抗日民族统一战线的扩大。实践证明：当时取消共青团是正确的；此时提出重建青年团，也是根据形势、任务的变化而作出的必要的改变。

此时国际国内形势发生重大变化。抗日战争已经胜利，美、苏等大国都不赞成中国内战，国民党统治集团尚未做好内战的准备，因此战后中国出现了一个短暂的争取和平、民主斗争的局面。但是，国民党要继续维持其一党专政、个人独裁的政策，内战的乌云始终存在。

中共中央书记处旧址延安枣园礼堂

早在抗日战争时期,国民党刻意提出和宣传"一个主义""一个政党""一个领袖",实质就是要坚持一党专政、个人独裁。中国向何处去的问题变得异常尖锐。毛泽东撰写了《〈共产党人〉发刊词》《中国革命和中国共产党》《新民主主义论》等文章,系统地提出新民主主义革命理论,对这个问题进行了有力的回答。

到抗日战争后期,中国人民更清楚地认识到,国民党统治集团不能担负起争取抗战胜利的任务,不能维护中国的独立,不能推动中国经济发展,只能成为中国进步的障碍。废除国民党一党专政,实行民主政治,已成为人们越来越强烈的要求。

为争取民族光明的前途,1944年9月15日,林伯渠代表我党在国民参政会上正式提出结束国民党一党专政,建立各抗日党派民主联合政府的主张。紧接着,中国民主同盟于10月10日发表《对抗战最后阶段的政治主张》,要求立即结束一党专政、建立各党派联合政权,实行民主政治。这表明,中国的抗日救亡运动正朝着建立联合政府的爱国民主运动的目标发展。

在这种情况下,党的青年工作必然要随着形势和任务的变化作出相应的调整。党开始有意加强对青年工作的集中统一领导。1945年5月3日,党的七大会议期间,解放区青年联合会筹备委员会在延安成立。《解放日报》就此发表社论,号召解放区青年努力迎接新的战斗和新的青年组织的诞生。

在任弼时关于建团的谈话之后,负责这项工作的同志起草了《关于成立新民主主义青年团的建议草案》,于6月27日呈送中共中央书记处,此前一天,国民党军队大举进攻我中原解放区,全面内战爆发。

8月26日和9月13日,任弼时两次主持中共中央书记处座谈会,专题讨论建团问题。内容涉及建团的必要性、青年团的性质、青年团的基本任务和名称、青年团的工作方法、党团关系等诸多问题。参与座谈的中央领导提出的见解、意见，对青年团的重建与发展具有重大意义和深远影响。

任弼时在发言中指出，"青救会"已经完成了历史使命，它的消沉是青年工作发展的结果，现在到了建立青年团的时候。他认为，党的基本任务就是团的基本任务，目前就是为新民主主义而奋斗，因此，团的名称可以定为"新民主主义青年团"。他强调青年团是带政治性的青年先进分子组织，是党的助手。青年团要在广泛的青年组织中起先锋作用。

座谈会后，青年团重建工作开始进行试点，在试点成功的基础上，再变试点工作为试建工作。11月初，根据中央的提议，试建工作在陕甘宁、山东、晋绥、晋察冀、晋冀鲁豫等解放区普遍展开。

尽管是在战争环境中，但各解放区的工作依然扎实有序地推进。广大

1946年9月，青年团试建中的全国第一个农村团支部在延安市宝塔区冯庄诞生。图为冯庄全貌。

青年的精神面貌焕然一新，革命热情普遍高涨。他们勇敢地投身到反击国民党军队进攻的自卫战争中，经受住了战火的考验，成为新民主主义革命的生力军。解放战争中涌现出一大批如刘胡兰、董存瑞这样的青年英雄，应该说与党的青年工作是分不开的。

而国民党统治区的进步青年也在中国共产党地下组织的领导下，开辟了反对美蒋的第二条战线，先后组织了一二·一运动、抗暴运动等爱国民主运动，涌现出一大批青年先进分子，并且成立了多个党领导下的进步青年组织，为建立青年团培养了干部，准备了组织。

★新民主主义青年团诞生

随着1947年6月刘邓大军挺进中原千里跃进大别山，人民解放军转入战略进攻。中国革命进程的加快，对青年工作提出了新的要求，也为青年工作创造了更加广阔有利的空间、条件和机遇。

9月中下旬，解放区青年工作会议在西柏坡召开。会后刘少奇、朱德、冯文彬联名致电中共中央，报告会议情况，提出解放区普遍建团的建议和计划。中共中央很快复电批准了这个建议和计划。这样，重建青年团工作正式纳入全党工作日程。

之后，建立青年团的工作在各解放区迅速广泛地开展起来。青年干部按照中央的指示深入农村参加各解放区的土地改革，在土地改革中组织青年，不断总结提高青年工作的经验。

受战争影响，东北解放区的试点、试建、建团工作较其他地区相对滞后。直到1948年8月底，在东北解放区召开青年工作会议以后才进入普遍建团的阶段。

值得一提的是，东北解放区青年工作会议结束后，东北局致电中共中央和中央青年委员会报告会议情况。毛泽东看后专门致信刘少奇、朱德、周恩来、任弼时。

原来，当时各解放区青年团的名称不一，有的称"新民主主义青年团"，有的称"民主青年团"，还有的称"毛泽东青年团"。这引起毛泽东的注意。信中，毛泽东建议不用"毛泽东青年团"的名称，一律称为"新民主主义青年团"。

1949年元旦，中共中央发布《关于建立中国新民主主义青年团的决议》。决定在1949年夏季召开中国新民主主义青年团第一次全国代表大会，正式成立中国新民主主义青年团，制定青年团的工作纲领，并选举青年团的中央委员会。

中国新民主主义青年团第一次全国代表大会会场

此后不久，中国新民主主义青年团筹备委员会成立，任弼时任主任，冯文彬、廖承志、蒋南翔任副主任。

4月11日至18日，中国新民主主义青年团第一次全国代表大会在刚刚和平解放的北平召开。出席会议的代表有部队的战斗英雄，工厂、农村的劳动模范，学校中的学习标兵，中国青年运动各个历史时期的青年代表，共340人，代表全国19万青年团员。

毛泽东和朱德分别为大会题词。中共中央发来贺电，肯定青年团"是党的有价值的助手和后备军"。寄语青年团在今后建设新中国的伟大工作中，团结全体爱国的劳动青年和知识青年，在党和国家的领导下，勇于完成自己的任务。

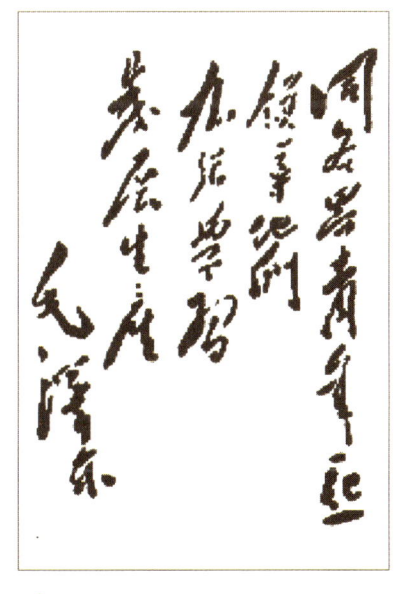

毛泽东为新民主主义青年团一大题词。

朱德在新民主主义青年团一大开幕式上讲话。

为革命浴血奋战

4月12日，任弼时代表中共中央作政治报告。报告肯定了中国青年在历史上的作用和地位，总结了中国青年运动30年来的历史经验和教训，还就如何保证党的领导、青年运动的指导方针、团的任务和青年运动的方向等重大问题进行了详尽阐述。

冯文彬、蒋南翔还先后向大会作了工作报告和团章的报告。大会通过了这两个报告，选举产生中国新民主主义青年团第一届中央委员，推举任弼时为团中央名誉主席。在一届一中全会上，选举冯文彬为团中央书记，廖承志、蒋南翔为副书记。

中国新民主主义青年团在新中国的曙光中诞生了。

三 为建设艰苦创业

社会主义革命和建设时期，共青团积极参与中华民族有史以来最为广泛而深刻的社会变革，组建青年突击队等各类"青"字头队伍，开展一系列活动，团结带领广大团员青年激发"敢教日月换新天"的豪情，喊出"把青春献给祖国"的响亮口号，展现出敢于拼搏、辛勤劳动的精神风貌。艰难困苦，千难万险，广大团员青年主动作为、勇挑重担，为祖国建设贡献了青春、建立了重要功勋！

1. 参加巩固新生政权的伟大斗争

新中国成立后，政权并不巩固。共和国第一代青年响应党和团的号召，积极参与到巩固新政权的伟大斗争之中，谱写了惊天地、泣鬼神的雄壮史诗。

★ 严峻的挑战

"我志愿加入中国新民主主义青年团。我坚决拥护中国共产党的主张。我一定努力学习，积极工作，锻炼身体，遵守团的纪律，执行团的决议，紧密联系群众，为保卫祖国和实现社会主义社会而奋斗。"

这段话是1956年5月22日，青年霍明新入团时的誓词，体现了新民主主义青年团在新中国成立初期对广大团员的要求，

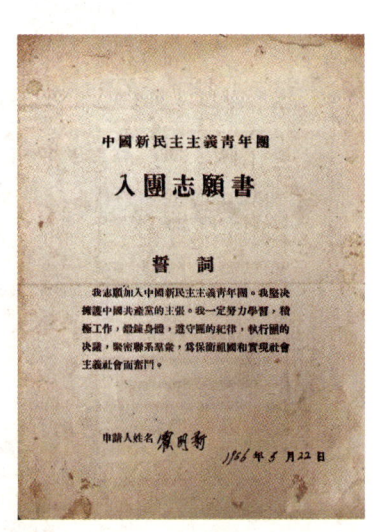

1956年5月22日，青年霍明新的入团志愿书。

以及团员的奋斗目标和任务。

新中国成立之初，百废待兴，百业待举，国家财政困难，国民经济亟待恢复，党和人民必须要为争取国家财政经济的根本好转而斗争。

但是，新生政权并未巩固。新中国成立时，民主革命还有遗留任务尚需完成，华南、西南、西北地区还没有完全解放，尚有百万国民党军队负隅顽抗。

在巩固政权的过程中，一些地方面临着严重的匪患。有各地的土匪，主要是不甘心失败的地主恶霸势力纠集反动帮会、旧社会的惯匪等拼凑起来的反革命武装；另外，有相当一部分国民党军的残部就地转化为政治土匪。形形色色的土匪武装相互勾结，以推翻共产党领导的人民政权为政治目的，有组织地进行武装暴乱和颠覆活动，威胁着人民政权的巩固和人民生命财产的安全。

留在大陆的大批国民党特务、反动党团骨干等反革命分子，采取"长期埋伏，待机而动，重点破坏，进行暗害，武装袭扰"的策略同人民政府对抗。旧社会遗留的反动会道门组织也大肆造谣惑众，扰乱社会秩序。国内反革命分子与国外反华势力相呼应，破坏厂矿铁路，焚烧粮库，刺探情报，印制伪钞，鼓动骚乱，妄图里应外合，颠覆人民政权。据统计，1950年，全国各地有近4万名干部和群众中的积极分子惨遭反革命分子杀害。猖獗一时的反革命活动，给生产恢复和人民生命财产安全造成极大危害。

1950年6月25日，朝鲜战争爆发。美国政府从其全球战略和冷战思维出发，作出武装干涉朝鲜战争的决定，并派遣第七舰队侵入台湾海峡。美军飞机侵入中国领空，轰炸扫射东北边境地区。美军不顾中国政府一再警告，悍然越过"三八线"，把战火烧到中朝边境。危急关头，朝鲜劳动党和政府请求中国出兵支援。

侵略者陈兵国门，进而图谋将新中国扼杀在摇篮之中，新中国的国家安全面临严重威胁。敢不敢、能不能迎战当时世界上经济实力最雄厚、军事力量最强大的美帝国主义？这对于仅成立不到一年的新中国来说，是一个空前严峻的挑战。

★ 剿匪反特

在巩固政权的伟大斗争中，青年团受到党的高度重视。

1950年4月，中共中央在批转《中共中央西南局关于目前建团工作的指示》时指出，在目前，青年团与青年运动的工作，不论在城市或乡村中，均应提到更加重要的地位。

中共中央书记处书记刘少奇在起草中共中央关于加强工会、农会、青年团工作的指示时，明确指出，为了使工会、农会、青年团成为新区社会改革的可以依靠的组织，各级党委必须十分注意加强这些团体的工作，特别是青年团应该成为党的最亲密的最可靠的助手，应该加强它的工作。

青年团响应党的号召，各级组织带领广大团员青年积极地参加各项巩固新生政权的工作。

协助征兵剿匪。以西南的剿匪为例。南京、上海等华东地区解放后，中共中央华东局和第二野战军遵照中央军委部署，在南京、上海、苏南、安徽等地开展征兵工作，为解放西南和剿匪斗争补充兵员。当地的党、团组织，以及工会、学联连续发出号召进行动员，广大社会青年、学生踊跃报名，很快完成了征兵任务。

动员号召青年参加"西南服务团"。成立于1949年6月，主要由青年学生、青年职工、青年干部等组成的"西南服务团",在南京集训3个月后,同年10月随同二野大军进军西南,全体团员于1949年底至1950年初分别到达四川、贵州和云南,一部分负责城市接管,一部分到农村投入剿匪反霸、减租减息、土地改革的斗争中。一些人在巩固政权的斗争中献出了年轻的生命,团员唐世俭烈士就是其中的一位。他原是中央大学附中的学生,积极响应号召参加了"西南服务团",任云南通海县三区人民政府征粮工作组组长,在一次与土匪的搏斗中英勇牺牲,年仅19岁。

参加自卫武装。在匪患严重的地区,当地政府成立清匪委员会,组建县大队、区中队等地方武装。由于匪徒行踪飘忽不定,而剿匪部队奔袭不及,各村还建立起防匪自卫队,开展群众性的防匪清匪斗争。如截至1950年5月,湖南临湘全县5个区就以民兵为主体先后建立群众性的防匪自卫队、情报站65个,拥有队员7234人,其中有66名共产党员、954名青年团员。

协助肃特斗争。1950年10月,中共中央发出《关于镇压反革命活动

"西南服务团"中,大部分是20岁左右的年轻人。面对艰苦的生存条件和穷凶极恶的土匪,他们毫不畏惧,敢于斗争,谱写了一曲光荣而壮烈的青春之歌。

的指示》之后，镇压反革命的运动在全国范围内轰轰烈烈地开展起来。1951年3月，青年团中央、全国青联、全国学联联合发表《拥护〈中华人民共和国惩治反革命条例〉的声明》，号召全国青年一定要和国内外一切反革命分子作坚决的斗争，以巩固人民民主专政，保卫我们伟大的祖国。很多团员、青年战斗在第一线；不处在斗争一线的，保持了高度的政治觉悟和革命警惕性，积极支持配合并协助党和政府的反特斗争；一些与反革命分子有亲属关系的团员、青年也能够深明大义，立场坚定，积极检举揭发，为巩固政权作出了贡献。

★ 抗美援朝

面对美国等西方国家妄图利用朝鲜战争把新中国扼杀在摇篮里的战略图谋，中共中央和中央人民政府作出了抗美援朝、保家卫国的历史性决策。1950年10月19日，中国人民志愿军开赴朝鲜战场。

青年团响应党的号召，团中央和各级组织带领广大团员青年，以极大的政治热情和牺牲精神投入到这场空前残酷的伟大斗争中：

深入开展爱国主义教育。针对当时青年中存在的亲美、崇美、恐美思想，青年团进行了广泛深入的思想教育活动，通过报刊、宣讲、控诉会、志愿军代表团报告会等多种形式，揭露美帝国主义的侵略罪行，让团员、青年更好地领会党中央的战略决策，理解抗美援朝的伟大意义。这些教育激发了广大团员青年强烈的爱国主义和国际主义精神，大大提高了他们的民族自尊心和抗美援朝必胜的自信心。

发起参军热潮。1950年12月，团中央和全国学联分别发出《为号召青年团员参加各种军事干部学校告全体青年团员书》和《为号召同学参加

1950年10月19日,中国人民志愿军首批部队跨过鸭绿江,开始了抗美援朝战争。

军事干部学校加强国防建设告同学书》,号召广大团员青年积极行动起来,参加各种军事干部学校,学习军事科学与军事技术,为国防贡献青春。广大团员青年热烈响应,积极报名。在由团中央直接负责的两次动员工作中,报名的青年就达70万人。青年党员和团员起了表率作用,占报名总数的70%以上,其中绝大多数是团员。

英勇奋战谱赞歌。抗美援朝战争是在交战双方力量极其悬殊的条件下进行的一场现代化战争。在这样极不对称、极为艰难的情况下,以青年官兵为主体的中国人民志愿军连续进行了5次战役,此后又构筑起铜墙铁壁般的纵深防御阵地,实施多次进攻战役,粉碎"绞杀战",抵御"细菌战",血战上甘岭,创造了威武雄壮的战争伟业,谱写了气壮山河的英雄赞歌。

上海交通大学学子积极报名参军参干。

这其中涌现出无数可歌可泣的英雄人物，其中很多是青年团员，如抱着炸药包冲入敌群的"特级英雄"杨根思、舍身堵枪眼的"特级英雄"黄继光、烈火中永生的"一级英雄"邱少云、舍己救人的国际主义战士罗盛教等。

经此一战，中国人民粉碎了西方侵略者试图将新中国扼杀在摇篮里的图谋，新中国真正站稳了脚跟。

2. 投身伟大的社会主义革命

在建立和巩固新生政权的同时，党和人民政府迫切需要迅速恢复和发展国民经济，使我国由新民主主义社会转变为社会主义社会。新中国的第一代青年为之奋斗不懈。

★ 参加新解放区的土地改革斗争

新中国成立之初，摆在共产党面前的是一个千疮百孔的烂摊子。迅速恢复和发展国民经济，改善人民生活，是新中国的当务之急。党和政府通过没收官僚资本、建立国营经济，为国民经济的恢复发展奠定了物质基础。"银元之战""米棉之战"两大战役的胜利和国家财政的统一，使物价趋于稳定，市场得以正常运行，为安定人民生活、恢复和发展工农业生产创造了条件。

国家财政经济状况的根本好转还有赖于土地改革的完成。新中国成立后，3亿多人口的新解放区还没有进行土地改革，严重束缚着生产力的发展。解决新解放区的土地问题，变地主阶级土地所有制为农民土地所有制，是党和政府在当时的一项极为重要的任务。为此，1950年6月，中央人民政府颁布了《中华人民共和国土地改革法》，展开了大规模的土地改革运动。

8月，团中央召开全国农村青年工作会议，规定青年团在新解放区农村的主要任务是：全力发动青年农民与全体农民一道参加土地改革和减

1949年6月，上海学生列队出发，宣传反对银元投机。

租、反霸斗争。

此后,新解放区的各级团组织把发动青年参加土地改革作为中心工作。他们积极配备和训练团的干部,组织学习土改文件,培训土改工作方法。先后有几十万青年干部加入土改工作队,深入农村宣传党和政府的土改政策,提高农村青年和广大农民的思想觉悟,开展土改和反霸斗争。丁佑君就是他们中的杰出代表。

丁佑君出生于四川乐山一个富裕的家庭,自幼就同情穷苦人民,有正义感,思想进步。她从成都市立女子中学考取西康人民革命干部学校,加入新民主主义青年团,学习期满后,来到边远的西昌农村工作。当时该地区匪患猖獗,丁佑君冒着生命危险开展工作,积极向当地群众宣传党的政策,讲解革命道理,在群众心中很有号召力,人们都亲切地叫她"丁代表""丁姐姐"。1950年9月,土匪发动反革命暴乱,将丁佑君围捕绑架,威逼她喊话劝降我军战士。丁佑君宁死不从,受尽折磨,最后惨遭杀害,年仅19岁。

为巩固新生的人民政权,在青年团组织的带领下,团员、青年积极参加土地改革运动。图为青年农民在认真学习《中国土地法大纲》。

朱德给丁佑君题词："丁佑君同志是党和人民的好女儿，是共青团员和青年的好榜样。中国青年应该学习她把自己的一切都献给党和人民的高度阶级觉悟和革命精神。"

到1952年底，除西藏和其他一些少数民族聚居区及尚未解放的台湾省外，土地改革在广大新解放区基本完成。广大团员青年为新中国实现这场前所未有的农村变革作出了贡献和牺牲。

★参加各条战线的劳动生产

面对百废待兴、百业待举的困难局面，团的各级组织和广大团员青年坚决响应党和政府的号召，与全国人民一道，为恢复国民经济在各条战线上忘我工作：

在工业战线上比学赶超。团员、青年是技术创新的骨干，也是团结协作、劳动竞赛的主力。团员郝建秀是青岛国棉六厂的女工，她创造了一套科学的"细纱工作法"，被命名为"郝建秀工作法"。这种方法大大降低了皮

1951年10月，团中央授予郝建秀"优秀共青团员"称号，并决定在全国推广"郝建秀工作法"。

为建设艰苦创业

辊花率，在全国推广后，每年可为国家多生产4.4万件棉纱，相当于供400万人一年用布的棉纱，创造了巨大的经济效益。齐齐哈尔第二机床厂的马恒昌小组，在抗美援朝、保家卫国运动中，率先倡议开展爱国主义劳动竞赛、重新修订爱国公约，订出捐献超额奖金50%、每月每人献工一天等长期捐献计划。河北龙烟铁矿的马万水小组，大胆进行工艺技术革新，研发多项作业法，不断刷新全国黑色金属矿山的掘进纪录，创造了一个又一个开凿工艺史上的奇迹。

在农业战线上大胆革新，互助合作。农村的团员青年带头转变观念，推行新农作法，革新生产技术。如山东临邑县张法古村的4名团员实行温水浸种，消除了群众认为"会把种子烫死"的顾虑，使全村400多户人家采用了这项技术，提高了粮食产量。北方农村的许多女团员青年打破了妇女不下地参与主要劳动的旧习俗。为适应农业生产发展的需要，许多乡村组织了互助组和合作社，团员青年带头参加，成为最积极的宣传者和组织者。

在水利建设上出大力流大汗。水利是关系民生的大事。由于长期社会动荡、国力衰微，新中国成立初期，水系紊乱，河道失治，堤防残破，水旱灾害频仍。在党坚强有力的领导下，新中国拉开了水利建设的宏大序幕。在淮河治理、荆江分洪、黄河治理等工程中，团员和青年是生力军。1950年，在参加治淮工程的300万民工中，有40%是青年；参加的团员数占沿淮地区团员总数的40%；女青年团员金秀兰、甘彩华、谭文翠被评为"特等治淮模范"。

在文化战线上发挥才干。广大团员青年在祖国的科教文卫事业上奋战，取得了杰出成绩。尤其在新中国成立初期的扫盲工作中，团员青年作出了突出贡献。解放军西南军区某部的青年文化教员祁建华刻苦钻研，反复实验，发明了一套效果惊人的"祁建华速成识字法"。到1952年底，这套识字法帮助全国5000多万人摘掉了"文盲"帽子。为了激励青年的学习积极性，更好地落实扫盲任务，1955年12月，团中央作出了《关于在七年内扫除全国农村青年文盲的决定》，在全国农村中掀起一个群众性的扫盲热潮。

祁建华发明的速成识字法能使一个文盲在不到30天的时间里，学会3000多个常用汉字，并且会读、会写、会运用，为我国的扫盲工作作出了杰出贡献。

★ 参加社会主义改造

经过三年的努力，我国的国民经济得到全面恢复和初步发展，但同时又面临新的形势和新的问题，需要提出新的任务和目标。1953年，党中央正式提出了党在过渡时期的总路线，即要在一个相当长的时期内，逐步实现国家的社会主义工业化，并逐步实现国家对农业、手工业和资本主义工商业的社会主义改造。

党有号召，团有行动，这是青年团的光荣传统。青年团一方面加强社会主义教育，增强青年的社会主义觉悟，一方面积极引导青年投身工业化和社会主义改造。

在对农业的改造中,广大农村青年对1953年中央作出的农业合作化决议表现出极大的热情,积极参加互助合作组,建立农业合作社。到1954年6月底,全国已有450万团员参加了互助合作组,约占农村团员总数的75%,其中有35万人加入农业合作社。100万以上团员在互助组和合作社中担任骨干,在加强生产管理和推广农业生产技术方面发挥了积极的作用。1955年,青年团二届四中全会通过了《关于动员和组织广大农村青年迎接农业合作化高潮的决议》,掀起了广大农村青年投身农业合作化的高潮。到1956年3月,全国绝大部分农村团员和90%以上的青年都加入了农业合作社。

在对手工业的改造中,青年手工业劳动者是手工业社会主义改造的一支重要力量,占手工业劳动者总数的20%～50%。他们在生产中努力学习技术和文化,不断提高技术水平和实际操作能力。在手工业合作化运动中,青年积极带头入社。在手工业改造中涌现出来的模范里,团员、青年占80%;担任手工业合作社干部的,团员青年占40%。

1955年11月23日,当时全国最大的私营百货商店——上海市私营永安股份有限公司经政府批准实行公私合营。职工组织队伍向各部门报喜。

在对私营工商业的改造中，私营企业青年职工约占40%，是监督和改造资本主义企业的重要依靠力量。各级团组织扩大了企业中团的力量，并通过各种形式加强对企业中青年职工的教育。1956年2月，团中央和全国青联在北京召开全国工商界青年积极分子大会。廖承志代表团中央和全国青联作了题为《跟祖国一道前进》的报告。很多代表表达了要做社会主义改造和社会主义建设积极分子的决心。会后，北京、上海等20多个城市以及各省的工商界青年纷纷举行拥护社会主义改造大会，表示要"努力学习，欢迎改造""做劳动人民的好儿女，不做资产阶级的继承人"。

1956年年底，三大改造胜利完成，社会主义制度在我国基本确立。这是中华民族有史以来最为广泛而深刻的社会变革，实现了一穷二白、人口众多的东方大国大步迈进社会主义社会的伟大飞跃。

3. 青年突击队

这是一个激情燃烧的时代。对工业化的无限憧憬，激发出工人、农民、知识分子从未有过的劳动热情。无数团员、青年响应党的号召，在各级团组织的带领下，组成各种青年突击队，奉献火热的青春。

★ 建设新世界

1952年，中国的人均发电量仅有2.76千瓦时，约为印度的1/4、日本的1/220、苏联的1/200、美国的1/1068。不仅是电力，中国当时在主要工业指标上与其他国家都有显著差距，处在极为落后的地位。1954年毛泽东感慨道:"现在我们能造什么?能造桌子椅子,能造茶碗茶壶,能种各种粮食,还能磨成面粉,还能造纸,但是,一辆汽车、一架飞机、一辆坦克、一辆拖拉机都不能造。"

新中国的建设者们面对的是一穷二白的家底和帝国主义的重重封锁。憋着一股劲的中国人下定决心迎难而上,以第一个五年计划为起点,一场大规模的经济建设热气腾腾地在中华大地全面铺开。建立属于自己的工业体系,建设一个繁荣富强的现代化国家,是新中国的宏大抱负。

抚顺发电厂扩建工程是"一五"计划的重点工程。工人们凭着一定要改变国家落后面貌的志气,以冲天的革命干劲、忘我的工作状态,在设备落后、工具简陋的条件下,苦干、实干加巧干,仅用8个月就出色完成了

抚顺发电厂的青年工人研究讨论施工方案。

一期扩建工程。

1953年3月13日，中共中央办公厅给抚顺发电厂发去寄托了党中央、毛泽东主席对共和国电力长子的期盼与重托的贺信，赋予全体工人无穷的力量，使他们以更大的热情和干劲投入到后续的建设中。

1958年，抚顺发电厂进入五期扩建工程最后的决战阶段，锅炉安装任务十分繁重。为了保证完成任务，东电一公司团委组建了一支青年突击队——锅炉工地青年突击队，由共产党员、27岁的四级工郑香瑞担任队长。郑香瑞能吃苦，善动脑，懂技术，关键时候能啃硬骨头、打硬仗。在他的带领下，队员们热情高涨，干劲十足，吊装、对口、施焊，环环紧扣，提前超额完成了任务。

在抚顺发电厂扩建工程中，青年突击队攻坚克难，奉献了自己的热情和汗水。图为竣工后的抚顺发电厂。

抚顺发电厂是当时全国最大的火力发电厂，拥有"中国火电之母"的美誉。

★ 全国第一支青年突击队的诞生

青年突击队是时代的产物，它产生于大规模经济建设时期热火朝天的劳动氛围中，与党对青年团和青年工作的重视、引导密不可分。

在时代转换的重要时刻，毛泽东立足于党和国家即将面临的重大任务，对青年团的建设发展予以关注。他在1952年8月下旬两次主持中央会议，讨论青年团的工作。在会上，他出了两个题目让大家研究：一个是党委如何领导青年团，一个是青年团如何做工作。

1953年6月，新民主主义青年团第二次全国代表大会召开。毛泽东接见了大会主席团，并发表重要讲话《青年团的工作要照顾青年的特点》，就这两个问题作了回答。

对于党如何领导青年团，毛泽东指出：党和团的领导机关，都要学会领导团的工作，善于围绕党的中心任务，照顾青年特点，组织和教育广大青年群众。对于青年团如何开展工作，毛泽东指出：青年团要配合党的中心工作，但在配合党的中心工作当中，要有自己的独立工作，要照顾青年的特点。……要学会领导青年，和成年人一道，在农村把农业搞好，在城市把工业搞好，在学校把学习搞好……

这就为新的历史时期党领导青年团、青年团开展工作指明了方向，提供了方法。具体来说，就是紧紧围绕即将展开的大规模经济建设，根据青年的特点，结合青年的学习和工作来独立地开展工作。

大会还讨论通过了胡耀邦作的题为《团结全国青年在建设祖国的伟大

行列中奋勇前进》的工作报告。报告提出了"团结全国青年为建设祖国而忘我地劳动,为建设祖国而奋发地学习"等新时期青年团的任务。

团代会以后,团中央及各级团组织围绕党在过渡时期的总路线开展教育,提高广大团员青年的思想觉悟,把他们的思想、干劲、热情凝聚到三大改造和大规模的经济建设上来。青年团卓有成效的工作,使党的宏大抱负深深扎根全国青年的心中,并使之转化为无穷的干劲。青年们发自内心地愿为国家的繁荣富强无私奋斗,奉献青春。于是,着眼于大规模经济建设任务、结合了青年特点和实际工作的青年突击队就在各个行业当中应运而生。

1954年1月,北京展览馆(当时叫北京苏联展览馆)建设工地上诞生了全国第一支青年突击队——胡耀林木工青年突击队。

全国第一支青年突击队——胡耀林木工青年突击队成员合影。

北京苏联展览馆建筑工程是苏联援建的重点工程。由于工期短、任务重、建筑工艺水平要求高,当时的建筑企业在管理水平和生产效率上很难跟上任务要求,曾经受到苏联专家毫不避讳的批评。

为提高生产效率、保证质量、加快建设进度,工地团委建议成立青年突击队。经党委同意,团委到各个班组抽调业务能力强、肯吃苦的年轻人,组成了一支队伍。青年党员胡耀林担任队长,17名队员全部是团员,他们举起了全国第一面青年突击队的旗帜。工地分团委书记曹建华动员时说:"你们是工地上的佼佼者,你们一不唱歌,二不跳舞,最需要你们的就是吃苦精神。"

1月的工地上,风吹到脸上就像刀割。当时冷到什么地步?光着手拿钉子,手都和钉子粘到一起。队员们甚至连工具袋都没有,所有工具全都揣在上衣和裤子的兜里,实在放不下的就只能用手拿。虽然工具简单,但凭着一股子对党和国家的热爱与坚定的信念,他们硬是攻下了一个又一个难关!

经过超乎寻常的拼搏努力,胡耀林青年突击队用181个工日完成了原计划用478个工日完成的关键任务,直到今天仍被人们称作奇迹。

★ 在各行业大放异彩

在胡耀林青年突击队的榜样作用下,北京苏联展览馆建设工地上又相继建立了瓦工、抹灰工、电气工、水暖工、混凝土工等多支青年突击队。这些青年突击队在工程建设中发挥了积极的带头作用,都以出色的表现超额完成任务。

1954年3月19日,《北京日报》以"苏联展览馆工区出现一支木工青年突击队"为题，报道了胡耀林青年突击队的经验。6月29日，《人民日报》报道了北京建设工地上青年突击队的事迹并刊发社论《发挥青年工人在国家建设中的积极作用》，在全国引起强烈反响。此后，青年突击队迅速在北京建工、市政及其他行业发展起来。

胡耀林青年突击队也引起党政工团的高度重视。团中央书记处书记接见了队员们，夸奖他们"带了个好头"。中共中央批转了团中央关于发展青年突击队工作的报告，指出："这是一项好的经验。望各地参照办理。"

"青年突击队"由此成为一个被全社会关注的响亮称号，从建设工地走向各行各业。1954年底，全国26个省、市、自治区团委在团中央提出的"重点试建，逐步推广"的方针指导下，建立青年突击队650支，队员1.2万人。到第二年9月，青年突击队的数量已经发展到1597支，队员近3.2万人。

当时有两支青年突击队典型，一支是李瑞环木工青年突击队，一支是张百发钢筋工青年突击队。李瑞环和张百发两人同龄，同一年从家乡出来，进北京三建公司当学徒工，一个是木匠，一个是钢筋工。分别当了青年突击队队长后，两人互相学习，你追我赶。两支青年突击队都参加了新中国"十大建筑"之首的人民大会堂的建设，在这项举国瞩目的工程中同显身手，大放异彩。

李瑞环解决了"放大样"的技术难题。面对一项要在8天内完成的重活、急活，李瑞环凭着一股钻劲研究出一套木工简易计算法，改变了几千年来木工"放大样"的常规，大大提高了施工效率，从而率领青年突击队顺利完成任务。行内有"放样技术高不可攀，不放大样除非鲁班"的俗语，李瑞环也因此被誉为"青年鲁班"。他的故事上了报纸，还被搬上了银幕。

张百发攻克了钢架跨越的难关。张百发钢筋工青年突击队诞生于1954

1954年4月28日，由张百发和11名青年组成的以他的名字命名的北京市第一支钢筋工青年突击队诞生。作为突击队长的张百发，当时还不到20岁。

年，参与了北京近百幢高楼的建设。在"一五"计划期间，张百发钢筋工青年突击队出色地完成了832项工程任务。在人民大会堂工程建设中，他率领钢筋工青年突击队300多人奋战9昼夜，完成了过去一个半月的工作量，大大缩短了工期。1958年，北京市青年团组织了"学习张百发，追赶张百发"活动，张百发钢筋工青年突击队成为全国建筑行业的一面旗帜。

全国各地、各行各业的青年突击队都像他们一样，战天斗地，艰苦创业，在完成急、难、险、重、新任务中发挥了拳头和攻坚作用。

伟大的时代造就伟大的建设者，伟大的建设者成就伟大的时代。"一五"计划在1957年超额完成任务，我们有了长春第一汽车制造厂、沈阳第一机床厂、沈阳飞机制造厂、鞍山钢铁公司，还有了宝成铁路、鹰厦铁路、青藏公路、康藏公路和武汉长江大桥……这些成果都离不开青年突击队挥洒的青春和汗水。在青年们手上，一个新世界建设起来。

4. 青年志愿垦荒活动

20世纪50年代中期，党中央作出垦荒的战略决策。广大团员青年响应党的号召，在青年团的组织下，成立一个又一个垦荒队，开始了向荒山、荒地、荒滩的进军。

★ 向荒山、荒地、荒滩要粮食

农业是国民经济的基础。农业生产不仅为全国人民供应粮食，也为工业发展提供原材料和发展动力。

当时，我国以农产品为主要原料的工业产值约占工业总产值的50%，而且进口工业设备和建设器材所需要的外汇，绝大部分是农产品出口换来的。从1953年开始，我国全面实施"一五"计划，随着国家大规模经济建设的展开，对粮食和农产品的需求大大增加。

发展农业是保证工业发展和全部经济计划完成的基本条件。但是，我国农业相对滞后，粮食和农产品短缺问题非常突出。如何发展农业、增加粮食产量，是国家面临的一个重要问题。

1955年4月，团中央派出代表团访问苏联。代表团对苏联以青年为主体进行的垦荒活动印象深刻，发现这一做法既解决了粮食短缺问题，也解决了城市青年就业问题。回国后，代表团提交了《关于苏联开垦荒地情况的报告》。团中央向党中央建议学习苏联经验，得到了毛泽东主席的重视。党中央批转了团中央的报告，认为其"很有参阅价值"。

5月，党中央批准农村工作部提交的《关于垦荒、移民、扩大耕地、增加粮食的初步意见》，并要求青年团在这方面应起积极的突击队的作用。7月，团中央在《关于响应党的号召，组织青年参加开垦荒地的几项意见》中，提出组织部分城市中不能升学的初中、高小毕业生和没有职业的青年参加垦荒工作。这个意见得到了党中央的首肯。

随即，团中央向全国青年发出"向荒山、荒地、荒滩进军"的呼吁，从而掀起了一场大规模的青年志愿垦荒活动。

★ 光荣的第一队

团中央首先找到北京团市委，让北京带头，先找几个青年发起人，再进行广泛动员。北京团市委专门召开团区委书记会议，传达团中央的指示精神，确定由各区分头到各乡动员、物色人选。

在选拔过程中，团中央和北京团市委了解到，北京市石景山区西黄乡乡长杨华在之前就表达过远征开荒的强烈愿望，这样很快就确定了第一个发起人，接着又找到了李连成、李秉衡、张生、庞淑英。胡耀邦书记在家中接见了这5名青年发起人，高度赞扬了他们的爱国精神，勉励他们勇往直前，迎接挑战，战胜困难。

负责对接的黑龙江团省委也紧锣密鼓地抓紧做好接应的各项准备，在省测绘局勘测队的协助下，最终划定萝北县境内2万公顷土地为北京青年志愿垦荒队的垦区。这里是黑龙江的五大荒地之一，有"六十里地是邻居，三十里地南北炕"的说法，是地广人稀、亟待开发的边疆县。

不久，《人民日报》《中国青年报》刊登了杨华等5人的倡议书，立刻在全国青年中引起强烈反响。短短十几天，报名参加垦荒队的青年就有800多人。北京团市委从中选拔了60人，组成了全国第一支青年志愿垦荒队——北京青年志愿垦荒队，杨华任队长。

8月30日，北京各界青年1500多人在北京工人俱乐部礼堂举行隆重的欢送大会。胡耀邦发表了题为《向困难进军》的讲话，称赞并勉励垦荒队员："你们是光荣的第一队……因为你们肯到祖国最需要的地方去，敢到最困难的地方去。""我们的国家有15万万亩荒地。我们青年不能让荒地长野草，一定要它生长出粮食来。"随后，垦荒队员高举团中央授予的队旗，高唱《青年垦荒队之歌》，徒步向火车站进发，沿途受到北京市民的夹道欢送。

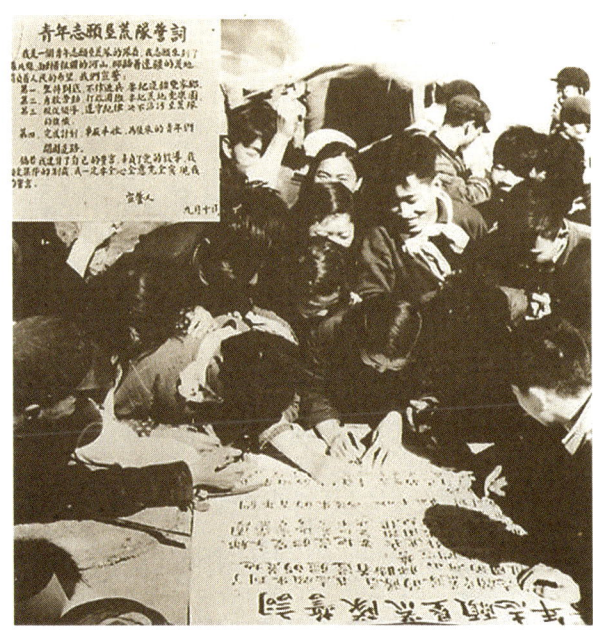

新中国第一支青年志愿垦荒队——北京青年志愿垦荒队队员在誓词上签字。

1955年8月30日，北京各界青年到火车站为北京青年志愿垦荒队送行。

历经几天几夜，垦荒队到达萝北。当时的萝北垦区是一片名副其实的荒原，没有路，没有住房，没有水井，野兽横行，每年有2/3的时间处在冰霜期，极端低温可达零下40摄氏度，生存条件极为艰苦。要开垦这样的荒原，一切都得从零开始，其困难程度常人难以想象。

垦荒队员面对困难毫不退缩。他们庄严宣誓："第一，坚持到底，不做逃兵，要把边疆变家乡；第二，勇敢劳动，打败困难，要把荒地变乐园；第三，服从领导，遵守纪律，决不玷污垦荒队的旗帜；第四，完成计划，争取丰收，为后来的青年们开辟道路。"

仅半个月，垦荒队员就开垦出了1200亩荒地，第二年生产了27万斤粮食，60万斤蔬菜，盖起了宿舍和食堂。来自天津、河北、山东等地的青年垦荒队也追随"光荣的第一队"的步伐，陆续到达萝北。他们的事迹鼓舞了无数人，在全国青年中掀起了参加垦荒的热潮。

★ 荒滩建起共青城

在美丽的鄱阳湖畔，矗立着一座生态优美的现代化新城，未来还要努力建设成为科技之城、绿色之城、国际之城。谁能想到，半个多世纪前这里还是一片渺无人烟的荒滩，甚至没有名字。它就是全国唯一以共青团命名的城市——共青城。

1955年，上海青年团员陈家楼看了苏联小说《勇敢》和电影《第一个春天》，被苏联共青团员到西伯利亚垦荒、白手起家建立共青城的事迹深深感动。他联络数十名青年积极分子，先后3次给上海团市委写信，要求前往边疆建立共青城。由于时机不成熟，3次都被团市委拒绝。但是陈家楼等人并未放弃，又给时任上海市市长的陈毅写血书，坚决请求组织上海青年去垦荒，表示要用自己的双手为国家作点儿贡献。陈毅当即接见了他们，答应报请中央。

中央赞赏和肯定了他们的爱国热情，但是对于垦荒队的地点一时难以定夺。毛泽东主席考虑到上海的垦荒青年不适宜到北方去，建议"到江西革命老区去为好"。周恩来总理进一步提出带文化到江西、要搭配各个行业的青年、年龄可放宽到30岁等建议。

得到中央的批准，陈家楼等人倍受鼓舞。不久，北京青年出征萝北的消息传来，更令他们心潮澎湃。9月，在上海青年社会主义建设积极分子大会上，陈家楼等5名青年代表发出组织上海市青年志愿垦荒队的倡议。

一石激起千层浪，在接下来的一周时间里，上海团市委就收到了上万封申请书。上海团市委从申请者中挑选出1000多名青年，经体检、政审合格后，到上海华东团校学习一周，并到郊区进行农业劳动锻炼，体验江西生活，学吃辣椒，练习挑担、插秧、耙田……

青年垦荒队员向荒山野岭开战。

10月15日,由98人组成的第一支上海市青年志愿垦荒队,在队长周文英、副队长陈家楼的带领下,打着"向困难进军,把荒地变成良田"的队旗,奔赴江西德安鄱阳湖畔的九仙岭下。

来到千年沉寂的荒滩,队员们都惊呆了。陈家楼的记录中写道:"想不到神州大地竟然有如此不毛之地。荒原土岗荆棘丛生,野兽出没,芦苇密布的滩地上,钉螺遍地,血吸虫肆虐,人迹罕见。"

难以想象的困难如同大山一样向他们压来,但是凭着对祖国的赤诚和真情,凭着年轻人的干劲和志气,他们没有被吓倒。没有路就劈山修路,没有房子就自己搭茅棚,40多天里垦荒队开垦出300余亩荒地,种上了油菜、小麦。

沉睡千年的荒地惊醒了!劳动号子的呼喊声、队员们的欢歌声,汇成一支壮美的青春交响曲,给这里带来了勃勃生机。

胡耀邦专程来看望垦荒队员。他坐着铁轨压道车,一路寒风,一路颠簸,到了德安县又徒步走了10多公里。见到队员们,他问:"茅棚还住得惯吗?"大家都说:"住得惯!"有的还说:"茅棚是我们亲手盖的,我们要永远住下去。"还有个队员兴奋地喊了声:"茅棚万岁!"胡耀邦爽朗地大笑,然后说:"为什么要永远住下去?茅棚是临时的,不能永久住下去……茅棚最多只能三岁,不能万岁。"胡耀邦还为即将组成的合作社命名并题字"共青社"。

不久,这里又迎来了上海第二批、第三批,以及全国各地的青年志愿垦荒队。共青社规模越来越大,形势越来越好。

经过几十年的努力开拓,曾经的荒滩上建立起了一座拥有10多万人口的城市。1984年12月,时任中共中央总书记的胡耀邦再次来到鄱阳湖畔。看到这里发生的沧桑巨变,他感慨万千,欣然提笔将这座城市命名为"共青城"。

在团中央的发起和组织下,这一时期,全国有16个省(自治区、直辖市)的青年团组织了青年垦荒队,总人数超过20万。天津、河北、山东的青年与北京青年一起开拓北大荒,浙江青年登陆大陈岛,辽宁青年建设兴隆台,河南青年远赴新疆,重庆青年开发若尔盖……《青年垦荒队之歌》成为那个时代青年的主旋律。

1956年1月29日,207名青年垦荒队员来到荒无人烟的大陈岛。

5. 培养一代社会主义新人

在社会主义革命和建设时期，团中央和各级团的组织重视对青少年的思想道德教育，通过开展学习毛泽东著作、学习雷锋好榜样等活动，引导青少年树立共产主义道德品质，努力培养社会主义的合格建设者和可靠接班人。

★ 开展思想道德教育

加强对青少年的思想道德教育是团组织的重要职责，也是党赋予团的神圣使命。团中央把对青少年的思想道德教育放在重要位置，精心筹划，认真实施，组织开展了一系列相关主题的教育活动。

坚定地走社会主义道路。1953年12月，团中央发出《关于学习和宣传国家在过渡时期总路线的指示》，要求团的各级组织，在党的领导下，组织好全体团员和全国青年学习宣传过渡时期总路线，并作为青年团当前和今后长时期最根本的思想建设任务来抓。团中央和团的各级组织采取集中学习、分组讨论、报告宣讲、体验回顾等多种形式，增强教育的实效。教育活动促进了团员和青年对过渡时期总路线的思想内涵、精神实质的正确理解与把握，提高了他们的思想政治觉悟，坚定了他们走社会主义道路、投身于过渡时期建设中去的信心和决心。

劳动最光荣。针对青少年中受旧社会思想影响，存在轻视体力劳动、看不起劳动人民，不珍惜别人劳动成果、不爱护公共财物，好逸恶劳、好吃懒做等思想和行为，1954年4月，团中央要求各级团组织要协助党和政府大力加强对青年的劳动教育。各级团组织创造性地采取典型宣传、义务劳动、勤工俭学等形式，取得了卓有成效的教育效果。通过劳动教育，培养了青少年热爱劳动、热爱劳动人民、立志做一个建设社会主义的优秀劳动者的思想品格和爱护公物、尊重劳动的道德情操，磨砺出了坚韧不拔、顽强刚毅的意志品质。广大青少年从思想上树立起新的劳动态度和劳动观念，社会风气也为之一变。活动中创造的好的做法一直沿用至今。

树立共产主义道德。新中国成立初期，旧社会的腐朽思想与生活方式还未彻底涤除，对青少年存在一定的消极影响。纪律松弛、道德败坏的现象依然存在，偷盗、拐骗、贪污、赌博、腐化、堕落等丑恶事件时有发生。对此，1954年10月，团中央在党的领导下，开展了一场以加强对青少年进行共产主义道德教育、抵制资产阶级思想的侵蚀为目的的教育活动。在城市，通过发动和依靠社会力量，惩恶扬善，树立正气，丰富青少年的业余文化活动，特别注意做好后进青年和待业青年的工作；在农村，结合农业生产提倡新风，改变旧俗。党中央肯定了教育活动取得的成绩，认为它在反对资产阶级思想及其生活方式对青少年的侵蚀方面起了显著作用，打击了社会上教唆青少年犯罪的反动和腐朽势力，培养了青少年的共产主义思想品质。

团中央这一时期的思想道德教育紧紧围绕时代中心任务，牢牢抓住青少年中存在的突出问题，从青少年的特点出发，密切联系实际，将思想道德教育与抗美援朝运动、爱国卫生运动等重大任务有机结合，与青年突击队、青年节约队、青年扫盲队等开展的活动相互衔接，还开展了多种生动活泼的业余文化活动，从而有力地培养造就了一代社会主义新人，形成了空前昂扬向上的社会风尚。

★ 学"毛著"活动

为了帮助广大干部群众正确了解中国革命的经验,掌握中国革命和建设的基本理论和方法,1951年10月12日,《毛泽东选集》第一卷正式发行,各界人民群众迅速掀起学习毛泽东著作的热潮。随着《毛泽东选集》第二、三卷的出版,毛泽东思想作为中国革命和建设的指导思想在全国得到广泛传播。

1956年年底,社会主义改造基本完成,社会主义基本经济制度在中国建立起来。面对改天换地的历史性胜利,如何在中国建设社会主义,成为党面临的一个新的课题。毛泽东从国情出发,依据中国革命的成功经验,提出以苏联为鉴,独立自主地探索适合中国国情的社会主义建设道路。

在这样的背景下,打破对苏联的迷信、教条,教育全党和全国人民理解马克思主义与中国实际相结合的重大意义,掌握马克思主义中国化的立场、观点和方法,显得尤为重要和迫切。

党重视和关心青年,对广大青年寄予厚望。毛泽东指出:"青年是整

1951年10月12日,《毛泽东选集》第一卷正式发行。

1957年11月17日，毛泽东主席在莫斯科大学礼堂接见中国留苏学生代表。

个社会力量中的一部分最积极最有生气的力量。他们最肯学习，最少保守思想，在社会主义时代尤其是这样。"他提出青年工作要照顾青年的特点，并希望青年人能做到"三好"，即身体好、学习好、工作好。

1957年11月，毛泽东率中国代表团到莫斯科参加十月革命胜利四十周年庆典。其间，他看望了中国留苏学生，并发表演讲指出："世界是你们的，也是我们的，但是归根结底是你们的。你们青年人朝气蓬勃，正在兴旺时期，好像早晨八九点钟的太阳。希望寄托在你们身上。"他提出两点希望：一是朝气蓬勃，二是谦虚谨慎。这个演讲使广大青年倍受鼓舞，同时也深感时代赋予的重大责任。

处在深刻社会变革中的青年团，主动顺应时代召唤，在1957年5月召开的中国新民主主义青年团第三次全国代表大会上，将团的名称改为"中国共产主义青年团"。

中国新民主主义青年团第三次全国代表大会会场

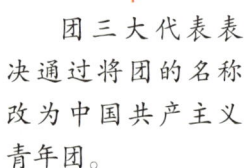

团三大代表表决通过将团的名称改为中国共产主义青年团。

为把我国尽快建设成为一个伟大的社会主义工业强国，共青团号召和组织了一系列具有青年特点的建设活动。与此同时，团中央也非常重视在青年中开展马克思主义理论的学习教育。1958年6月召开的共青团三届三中全会，团中央专门通过了《关于组织广大青年学习马克思列宁主义、学习毛泽东著作的决议》。各地团组织按照决议要求，广泛组织青年开展学习。青年中迅速兴起学"毛著"、学理论的热潮。到1960年2月，通过各种形式学习的青年人数达到2000万人。

1960年4月，共青团中央、全国总工会、全国妇联在哈尔滨联合召开"全国青年学习马克思列宁主义、毛泽东著作黑龙江现场会"。会后，团中央组织了"全国青年学习马列主义、毛泽东著作观摩团"，分两路到25个省、自治区、直辖市的87个城市进行观摩学习和经验交流活动，各地100多万人次参加了学习教育，影响很大。

千百万青年把毛泽东著作作为必修的教科书，引发了思想上的革命，从中学习了观察、分析问题的立场、观点、方法，增强了建设社会主义的干劲和觉悟，也对整个社会的价值取向和精神风貌产生了积极影响。

★ 向雷锋同志学习

改造社会、开创社会主义新局面需要新的人格、新的社会风尚，塑造人的工程自然要从青少年开始才会更有效。由共青团发起的学雷锋运动最为典型。

1962年8月，伟大的共产主义战士、年仅22岁的雷锋因公殉职。共青团辽宁省委在全省青少年中开展了"学习雷锋"的活动。1963年2月，

《中国青年》杂志出版"学习雷锋同志专辑"，刊出毛泽东的题词："向雷锋同志学习。"

团中央发出《关于在全国青少年中广泛开展"学习雷锋"的教育活动的通知》，要求各地团组织参照辽宁的经验，在青少年中广泛开展"学习雷锋"活动。

3月2日，《中国青年》出版"学习雷锋同志专辑"，并刊出毛泽东主席的题词"向雷锋同志学习"，在全国青年中引起了巨大的反响。

《中国青年》杂志总编辑邢方群后来回忆道："当时毛泽东已经很少为青年人物题词，我们抱着试一试的想法，给主席写信请他题词。取回题词，杂志社一下子轰动了，我们请示团中央该如何对待毛主席的题词，团中央认为毛主席不单是为《中国青年》杂志题词，更是为全国青年题词，建议发表。"后经党中央研究，3月4日由新华社发通稿，全国各大报纸次日发表。中国青年社则提前两天，即在3月2日出版"学习雷锋同志专辑"，刊登了主席题词。当时《中国青年》杂志的发行量是200万左右，但这一期发行了700万左右，各地都打电话给编辑部要求加印。

3月5日，《人民日报》等各大报纸头版头条刊发毛泽东主席的题词。从此，雷锋这个平凡的名字家喻户晓，成为亿万中国人的光辉榜样。学习雷锋的热潮迅速在全国范围内掀起。雷锋精神感染和教育了一代又一代中国人。

习近平总书记指出："雷锋是时代的楷模，雷锋精神是永恒的。"雷锋精神是中华民族精神的显著标识，是第一批纳入中国共产党人精神谱系的伟大精神。雷锋身上所彰显的崇高道德品质，树立起公民道德建设的标杆，也是社会主义核心价值观的生动体现。

半个世纪以来，学雷锋活动生生不息，雷锋精神历久弥新……

6. 把青春献给祖国

社会主义革命和建设时期的青年是艰苦奋斗的一代,是乐于奉献的一代,是理想闪光的一代。他们在帝国主义封锁的压力下,在国民经济困难的挑战中,紧密地团结在中国共产党周围,万众一心,众志成城,致力于改变新中国一穷二白的落后面貌,绘出了一幅壮丽的时代画卷。

★ 我为祖国献石油

新中国成立之初,全国原油年产量仅 12 万吨,还不如今天一座大型油田的日产量。戴着"贫油国"的帽子,我们的石油消费基本靠进口,大城市的公共汽车因为缺油只能备着煤气包。

为创建中国的石油工业,1952 年 8 月,毛泽东签署命令,中国人民解放军原第 19 军第 57 师集体改编为石油工程第一师,为我国建设一支具有严格组织纪律、高度献身精神的石油产业大军,打下了良好基础。

面对恶劣的自然环境、艰苦的生活、简陋的设备,石油工人们以大无畏的英雄气概喊出"有条件要上,没有条件也要上""石油工人一声吼,地球也要抖三抖"的响亮口号。这是共和国这一代建设者的志气、勇气和担当的体现。

1959 年 9 月 26 日,石油勘探队在东北松辽盆地发现储量巨大的油田,恰逢国庆十周年临近,油田因此被命名为"大庆油田"。一场波澜壮阔的石油大会战由此打响。参加会战的有 4 万多人,有科技人员,有建设工人,还有转业官兵等,他们当中绝大多数是年轻人。

在新中国石油战线上,有一位"铁人"王进喜。1960年4月,王进喜带领1205钻井队,从玉门日夜兼程赶到大庆萨尔图,义无反顾地投入到这场会战中。在气候条件非常恶劣、生存条件极其艰苦、各项设备资源十分匮乏的情况下,王进喜和队员们以"宁肯少活二十年,拼命也要拿下大油田"的顽强意志和冲天干劲,仅用5天零4个小时就打出了大庆的第一口油井。

王进喜带领钻井队打第二口井的时候,突遇井喷,如果不赶快压住,就会造成机毁人亡的后果。没有压井喷用的重晶石粉,工人们只能用水泥代替,但现场没有搅拌机,水泥都沉在池底,加重了堵塞程度,井喷更厉害了。在这千钧一发之际,王进喜跳进齐腰深的泥浆里,用身体作为搅拌机把水泥搅了上来。工人们奋战3个小时,终于制服了井喷。

1960年6月1日,第一辆载有600吨原油的列车在众人的夹道欢呼中缓缓驶出,首车原油的外运标志着大庆石油会战初战告捷。到1963年年底,我国彻底摘掉了"贫油国"的帽子,石油产品基本实现自给,中国人民使用"洋

王进喜是新中国第一批石油钻探工人。他率领1205钻井队艰苦创业,打出了大庆第一口油井,并创造了年进尺10万米的世界钻井纪录,为中国石油事业鞠躬尽瘁,被誉为"铁人"。

油"的时代结束了。

中国石油的创业发展史，是中国社会主义工业化建设的一个缩影，也是那一代青年工人奉献青春、顽强拼搏、报效祖国的奋斗史。

★ 干惊天动地事，做隐姓埋名人

新中国成立后，为打破西方的核垄断和核讹诈，以毛泽东同志为核心的党的第一代中央领导集体高瞻远瞩，审时度势，毅然作出创建和发展中国核武器事业的战略决策。

1958年5月，西藏军区原副司令员兼参谋长李觉，带领一支20多人的队伍，在只有3顶帐篷、4辆卡车和4辆吉普车的情况下，毅然奔赴中国核工业发展的摇篮金银滩，开始了头顶蓝天、脚踏荒原的艰难创业。之后，从兰州建筑工程局选调的1200多名职工和2000多名解放军指战员，以及6400名河南支边青年来到了金银滩。他们是金银滩成为军事禁区后的第一批创业者，负责完成基地最初的建设工作。

"两弹元勋"邓稼先当时还是个30岁出头的年轻人。

邓稼先是著名核物理学家，中国核武器研制工作的开拓者和奠基者，为中国核武器的研发作出了重要贡献，被誉为"两弹元勋"。

在接到上级要求时,他虽然清楚将要面对的危险、艰难,但是他毫不犹豫地同意了,到了核武器研究所。当时从清华、北大和北京航空学院等相关院校毕业的大学生中精心挑选的 28 个人,成为研究所的第一批青年骨干。邓稼先带着他们从零开始开展原子弹理论研究,其难度不亚于海底捞针。

在第一颗原子弹的研制和试验过程中,全国先后有 26 个部、委,20 个省、自治区、直辖市,900 多家工厂、科研机构、大专院校参加了攻关。以钱学森、钱三强、邓稼先、郭永怀等为代表的数百名中国顶尖科学家、上千名大学生以及数以万计的工程技术人员、工人、解放军指战员来到这遥远的地方。"干惊天动地事,做隐姓埋名人",他们抛家舍业,披肝沥胆,在高寒缺氧、条件简陋的情况下,以大无畏的英雄气概,攻克一个又一个技术难关,突破了核事业的艰难险阻。

1964 年 10 月 16 日,我国第一颗原子弹爆炸成功。1966 年 10 月 27 日,我国第一颗装有核弹头的地地导弹飞行爆炸成功。1967 年 6 月 17 日,我

1964 年 10 月 16 日,我国第一颗原子弹在新疆罗布泊爆炸成功。中国成为继美国、苏联、英国、法国之后世界上第五个拥有核武器的国家。这是中国国防建设和科学技术领域取得的一项重大突破,有力地打破了超级大国的核垄断和核讹诈。

国第一颗氢弹空爆试验成功。1970年4月24日，我国第一颗人造地球卫星发射成功。

邓小平曾说："如果60年代以来中国没有原子弹、氢弹，没有发射卫星，中国就不能叫有重要影响的大国，就没有现在这样的国际地位。"

在党的领导下，中国科技工作者以惊人的毅力和勇气，仅用10年左右时间就创造了"两弹一星"的科技成就。在这个过程中，有无数青年为之挥洒热血和汗水，努力奋斗并作出牺牲。他们用青春谱写了惊天动地的壮歌！

★ 上山下乡

"上世纪60年代末，我才十几岁，就从北京到中国陕西省延安市一个叫梁家河的小村庄插队当农民，在那儿度过了7年时光。那时候，我和乡亲们都住在土窑里、睡在土炕上，乡亲们生活十分贫困，经常是几个月吃不到一块肉。我了解乡亲们最需要什么！"

这是习近平主席2015年9月访问美国，在西雅图发表演讲时讲述的梁家河的故事，给在座的听众留下了深刻的印象。

1964年1月，中共中央、国务院下发了《关于动员和组织城市知识青年参加农村社会主义建设的决定（草案）》和《中央安置城市下乡青年领导小组向中央的报告》，指出："在今后一个相当长的时期内，有必要动员和组织大批的城市知识青年下乡参加农业生产。"

4月，中共中央批转了共青团中央书记处提交的《关于组织城市知识青年参加农村社会主义建设的报告》，将"怎样使广大城市青年能够自觉地下乡，怎样使他们同农民群众结合，怎样使他们在建设现代化农业的斗争中发挥作用"作为共青团的一项长期的重大政治任务。

知识青年们积极响应党的号召,在农村的广阔天地里立新功。

毛泽东曾说:"农村是一个广阔的天地,在那里是可以大有作为的。"1968年底,毛泽东又作出"知识青年到农村去,接受贫下中农的再教育,很有必要"的指示,大规模的上山下乡运动由此展开。1968年到1978年的十年间,共计有1600多万知识青年上山下乡,全国城市中大多数适龄青年参加过这个运动。

知识青年给广大农村带去了知识、思想、文化、技术,提高了当地的教育水平、文化素质,丰富了那里的文化娱乐生活。他们在各自的岗位上挥洒汗水,散发青春活力,成为农村和边疆建设的生力军,给沉寂的大地注入了新的活力。

西北的荒漠变城市,东北的荒原变沃土,西南的荒山变胶园……知识青年前仆后继的不懈努力,让落后的农村和边疆地区得到了不同程度的发展。在他们身后,留下的是一串串光辉的足迹。

（四）

为改革勇立潮头

改革开放和社会主义现代化建设新时期，共青团适应党和国家工作中心战略转移，解放思想，锐意进取，广泛开展争当新长征突击手等一大批青春气息浓烈的创造性活动，团结带领广大团员青年发出"团结起来、振兴中华"的时代强音，在现代化建设各条战线上勇立潮头，展现出敢闯敢干、引领风尚的精神风貌。革故鼎新，建设四化，广大团员青年勇作改革闯将，开风气之先，为改革开放和社会主义现代化建设贡献了青春、建立了重要功勋！

1. 争当新长征突击手

党的十一届三中全会拉开了改革开放和社会主义现代化建设新时期的伟大序幕。党中央提出，要把党和国家的工作重心转移到经济建设上来，实行改革开放，动员全党全国各族人民为社会主义现代化建设进行新的长征。共青团中央积极响应党中央号召，在全国青年中开展了"争当新长征突击手"活动，开启了领跑现代化建设的"新长征"。

★团工作重心的转变

"文化大革命"结束以后，遭到破坏的共青团系统得到全面恢复。党的十一届三中全会后，共青团跟随党的步伐，逐步打开全新的工作局面。为了适应全党工作重心的转移，团的工作也发生了转变：从以参加政治运动为主转到以参加生产建设为主，思想政治工作从离开生产、工作、学习单搞一套转到生产、工作、学习过程中来，工作方式从一般化、大轰大嗡

1978年12月18日,中国共产党十一届三中全会在北京召开。图为大会会场。

1979年2月,团中央在北京召开了团省、市委书记会议。会议认真贯彻党的十一届三中全会精神,提出把团的工作重点从"阶级斗争是青年的主课"转移到社会主义现代化建设上来。图为《中国青年报》的报道。

活动转到和风细雨、精雕细刻、深入细致的工作中来,从简单的行政方法转到靠用生动活泼的方法吸引青年到党的政治路线轨道上来。广大团员积极响应党的号召,在改革开放的大潮中勇立潮头,积极投身到改革开放的伟大实践中。

为贯彻落实党中央和邓小平同志"加快新长征步伐"的伟大号召,

1979年2月,团中央明确提出了"以四化为中心把全团工作活跃起来"的指导思想。学四化、干四化成为新时期青年的主课。3月1日,共青团中央又向全国发出了《关于在全国青年中开展"争当新长征突击手"活动的决定》。《决定》指明了开展"争当新长征突击手"活动的重大意义和我国青年的历史责任,提出了新长征突击手的条件,同时提出在建国30周年时,团中央将命名表彰万名新长征突击手、百名新长征突击手标兵、十面新长征突击队红旗。

争当新长征突击手活动在社会上引起了广泛影响,各大新闻媒体争相报道。新华社多次针对这一活动作专题报道,《人民日报》4次在头版头条位置作了显著报道并配发评论《在新长征中造就新一代》,《中国青年报》作了大量连续性报道,并刊发社论《赞突击手》。

为了掀起"人人争当新长征突击手,个个为四化贡献青春"的热潮,

1979年9月19日,全国新长征突击手命名表彰大会召开。从全国各地遴选出的上万名新长征突击手将充分发挥先进青年的模范作用、骨干作用和桥梁作用,带动全国青年投身现代化建设。

团中央表彰了一大批先进典型。

1979年9月,团中央命名表彰了10个新长征突击队红旗单位,155个新长征突击手(队)标兵,1万名(个)新长征突击手(队)。1981年11月23日,团中央召开了全国新长征突击手、先进团支部代表会,决定授予中国女子排球队"全国新长征突击队标兵"光荣称号。两年多来,被命名为突击手的青年达到了100万人!最重要的是,这两次表彰大会在青年中产生了巨大影响,各行各业掀起了比、学、赶、帮、超的热潮。一时间,青年突击队、青年掘进队、青年质量管理小组、青年安全监督岗、青年文明岗等"青"字号组织蓬勃发展起来。

★抹灰工青年突击队

1982年9月24日,在北京展览馆大厅,这个曾经诞生过第一支青年突击队的地方,共青团北京市委召开了一次命名表彰大会。在这次大会上,"北京市新长征突击队标兵"这一称号授予了北京市第六建筑公司隋世忠抹灰工青年突击队。当队长隋世忠怀着激动的心情接过奖状时,队员们无不欢呼雀跃,这一荣誉不知凝结了他们多少辛勤的汗水呀!

在20世纪80年代北京的建筑业中,有一支队伍格外引人注目。"高楼手中起,重任肩上挑",他们以自己的行动为建筑青年树立了榜样。这支队伍,就是隋世忠抹灰工青年突击队。队长隋世忠带领这个平均年龄只有20多岁的队伍,通过苦干实干逐渐在建筑行业脱颖而出。在国家财政经济困难时期,由于没有正式抹灰任务,他们不是在阴暗潮湿的地下室掏臭水,就是帮助伙房倒腾大白菜,哪里有脏活、累活,他们就出现在哪里,哪里有困难,他们就冲向哪里。在一座塔式住宅楼即将交工的时候,有队员发

全国基建战线劳动模范隋世忠正在施工。他所带领的青年突击队创造了单人每天机械喷灰面积的公司最高纪录。

隋世忠青年突击队在首都重点工程建设中脱颖而出，1982年被命名为"全国新长征突击队"，成为全国建筑系统的一面旗帜。

现楼顶上电梯机房的地面还没有做，可是这时吊装工具都已经拆除，只能靠人工把400多桶混凝土提到16层楼上去。接到任务后，隋世忠二话不说，带领队员们手提肩挑，把280多级台阶踩在了脚下。一年365天，他们夏天顶着烈日，冬天冒着严寒，在几十米高的脚手架上一干就是十几个小时，全体队员没有一个人喊苦叫累。建队两年多来，他们承担了8幢高层住宅楼和两幢普通宿舍楼的抹灰装修任务，创出了效率高和质量优的好成绩。

1981年3月7日，《中国青年报》发表社论《我为祖国振兴做了什么——

隋世忠青年突击队给人们的启示》，青年突击队被越来越多的青年认识并了解，成了一个令人羡慕的光荣称号。广大青年在突击手的激励带动下，在各自岗位上不断奋进，掀起了努力争当新长征突击手的热潮。

★争创一流蔚然成风

通过开展争当新长征突击手活动，广大青年在改革开放大潮中发挥了主力军作用。

工业战线上，各地团组织带领广大青年大打增产节约之仗，仅据上海、湖北、山西等14个省、市、自治区和铁路系统1979年的统计，青工就为国家多创增产节约价值19亿元。在"创一流成绩"竞赛活动中，据北京、江苏、四川等7个省市1980年的统计，有13多万名青工创造了本地区、本行业的一流成绩，其中有1万多人达到了全国一流水平。在煤炭系统，全国有504个青年掘进队参加了"双上纲要"竞赛，不仅杜绝了重大工伤事故，而且有115个队"三上纲要"直至"六上纲要"，创造了新中国成立以来开拓月进尺最高纪录。

农业战线上，各级团组织和广大青年广泛开展科学实验、高产攻关、承包揭榜和各种能手竞赛以及农忙时节的生产突击活动。农村青年个个"争当绿化祖国突击手"，积极参与建设"三北防护林"体系工程，城市青年踊跃参加"种树种草又种花，爱厂爱校胜爱家"活动。据1979年至1981年的统计，3年来，全国青少年仅营造"共青林""青年林""红领巾林"就达2400多万亩。

财贸战线上，各级团组织把"优质服务多贡献，争做商业小行家"作为青年职工争当新长征突击手活动的重点，既服务了顾客，又为国家创造

在争当新长征突击手活动中,农村青年积极开展"学科学、用科学"活动。图为农村青年在养殖技术培训班上听课。

了更多财富。

随着争当新长征突击手活动的不断深入,各级团组织把组织引导青年学文化、学科学、学技术当作一项重要内容,这让广大青年深刻体会到"知识就是力量,知识改变命运,知识成就未来"的道理。越来越多的青年自觉选择用知识报效祖国,在为社会创造价值的奋斗中,实现自身的人生价值。到1982年,全国有300万青年职工参加了青年小发明竞赛活动,创造发明成果近10万项,把争当新长征突击手活动提高到了新的水平。许多靠科学致富的能手和"土专家"涌现出来,如"田参谋""小行家""革新迷"等。

1984年起,团中央发起了"为重点建设献青春,争当新长征突击手"活动,仅当年全国就有100多万名青年、7000多支青年突击队参加了竞赛,有力地促进了"六五"计划的实施。1986年，有600多项青年突击工程参赛，比1985年翻了一番。

争当新长征突击手活动是中国青年运动发展史上的一项重要内容，它把经济建设与思想建设相结合，把劳动竞赛与青年学文化、学科学、学技术相结合，以此来提高广大青年建设社会主义现代化的技能本领，具有鲜明的时代特色。它紧紧围绕党的工作重心的转变，领导和凝聚各级团组织和广大团员青年，积极投身现代化建设事业，发挥了重要作用，并产生了深远的历史影响。

2. 开展"五讲四美三热爱"活动

社会主义不但要有高度的物质文明，而且要有高度的精神文明。离开了精神文明建设，物质文明建设就会失去强大的动力。在新时期建设社会主义精神文明的过程中，共青团主动作为，从青少年做起，大力提倡"五讲四美三热爱"，引领了一场轰轰烈烈的群众性精神文明创建活动。

★小活动　大影响

20世纪80年代，有一句"数字化"的口号广为传播，那就是"五讲四美三热爱"，这短短7个字可以说整整影响了几代人。要想知道这句口号是怎么来的，那还要从一所中学说起。

1980年，江苏省无锡市第三十四中学，也就是现在的无锡市青山高级中学，针对部分学生出现的逃课、打架、骂人、搞恶作剧等不文明现象，

无锡市第三十四中学举行"五讲四美三热爱"合唱比赛。

开展了一场思想美、仪表美、语言美的"三美"教育活动。通过广泛讨论,同学们真正辨别清了美与丑、善与恶、真与假,一步步告别了恶俗、不雅等行为举止,校园风气和师生精神面貌焕然一新。

这所中学开展的这场教育活动迅速引发了全社会的关注,因为它切中了当时社会问题的要害。

"文化大革命"后,道德水平下降、社会风气倒退,到了改革开放初期,"脏、乱、差"等问题凸显,有些年轻人穿着奇装异服,口出脏话,甚至纠合起来打群架……这些现象的存在,不仅带坏了社会风气,而且影响社会主义现代化建设。重建社会主义道德文明,成为一个亟待解决的重大问题。

1979年9月,叶剑英在庆祝中华人民共和国成立30周年大会上的讲话中,明确提出要建设"社会主义精神文明",并把它作为实现四个现代化的必要条件。10月,邓小平又强调:"我们要在建设高度物质文明的同时,提高全民族的科学文化水平,发展高尚的丰富多彩的文化生活,建设高度的精神文明。"无锡市第三十四中学的"三美"教育活动正是在这一大背景下开展起来的。

★由"三美"到"五讲四美三热爱"

无锡市第三十四中学的"三美"教育活动在全国范围内形成了强大的舆论热潮。1980年6月14日,《文汇报》头版刊登了名为《无锡三十四中学开展"三美"教育》的文章。接着,《人民日报》《新华日报》陆续刊登关于"三美"的报道和评论文章。中央领导对"三美"教育活动给予了充分肯定。

12月,中共中央工作会议召开,把精神文明建设列为重要议题,并展开了专题研究讨论。邓小平强调,要大力加强工会工作和妇联工作,大力加强共青团工作、少先队工作和学生会工作;要努力使青少年成为有理想、有道德、有知识、有体力的人,使他们立志为人民作贡献,为祖国作贡献,为人类作贡献,从小养成守纪律、讲礼貌、维护公共利益的良好习惯。这不仅为共青团开展青少年工作指明了方向,也促使团中央进一步思考如何把青少年思想道德教育活动有效且深入地开展起来。

为有针对性地对青少年开展思想道德教育,共青团中央通过总结武汉、

江苏省南京市长江路小学的少先队员们走上街头,设立宣传站,进行"五讲四美"宣传活动。

广大少先队员走上街头参与"五讲四美三热爱"活动。

无锡、天津等地开展青少年思想道德教育活动的经验，从青少年的特点出发，对青少年应遵守的道德规范进行归纳，从而提炼出简明扼要、针对性强、顺口又押韵的"五讲四美"。

1981年2月，共青团中央、全国总工会、全国妇联等9家单位联合发出倡议，提出在全国人民特别是青少年中开展以"讲文明、讲礼貌、讲卫生、讲秩序、讲道德"和"心灵美、语言美、行为美、环境美"为主要内容的"五讲四美"活动。这一倡议一经发布，立即得到社会广泛支持和响应。

随着"五讲四美"活动的深入开展，活动内容得到不断丰富充实。热爱祖国、热爱社会主义、热爱中国共产党的"三热爱"教育活动也广泛开展起来。12月，团中央批转团沈阳市委《关于开展"三热爱"教育的情况报告》，指出："开展'三热爱'教育，是摆在各级团组织面前的一项重要政治任务，也是对青年进行思想政治教育的一个重点。这项工作抓好了，可以激发青年的政治热情，增强青年的历史责任感，帮助青年满怀信心地跟着党走社会主义道路，在四化建设中发挥更大的作用。因此，各级团组织要把'三热爱'教育当作一件大事，下功夫，花力气，狠抓落实，务求收到实效。"

为了把"五讲四美"与"三热爱"教育活动融为一体，1982年4月，团中央在《关于纪念五四青年节的通知》中明确提出，要通过对青年进行热爱党、热爱祖国、热爱社会主义的"三热爱"教育和经济形势教育，来巩固和扩大"文明礼貌月"的活动成果，并强调要把重点放在基层，注重实效。不久，团中央发出的《关于在青少年中深入开展"三热爱"教育的意见》指出："'三热爱'教育是推动'五讲四美'活动深入发展的需要，是根治'脏、乱、差'的思想基础，是当前对青年进行思想政治教育的重要内容。"

1985年12月，全国有98项"五讲四美三热爱"优秀青年工程受到团中央表彰。"五讲四美三热爱"成为20世纪80年代人人耳熟能详的口号之一。

伴随着"五讲四美三热爱"活动的开展，"全民文明礼貌月"活动也给祖国大地带来了诸多变化。在1982年开展的第一个"全民文明礼貌月"活动中，全国有数百万青少年组成50万个青少年服务队和学雷锋小组，在城镇或乡村开展"为您服务"等助人为乐的活动，在社会上传播了一种新的风尚，受到社会各界的赞誉。经过这次活动，全国大多数城乡环境面貌发生了可喜的变化，人与人之间的关系也得到了一定程度的改善，广大青少年振奋了建设社会主义的精神，增强了为人民服务、为社会服务的意识。

这项在全国范围内开展的活动，拉开了20世纪80年代群众性精神文明创建活动的序幕。随后，这一活动又与学雷锋活动相融合，在改善社会风气、加强社会主义精神文明建设中发挥了积极作用。

★学雷锋、树新风

遵照党中央关于建设社会主义精神文明的指示，为在青少年中进一步倡导共产主义道德，树立文明礼貌新风，激励新一代青年为祖国、为人民、为四化建设奋斗，1981年2月，团中央发出关于《进一步开展学雷锋树新风活动的通知》，在全国青少年中开展学雷锋、树新风活动。福建三明化工总厂陈金刚"学雷锋小组"就是在这个活动中涌现出的典型。

20世纪80年代初，三明市开展精神文明建设活动。

当时，在厂车间团支部的支持下，陈金刚"学雷锋小组"已经开展活动有10年。1971年只有16岁的陈金刚，在三明化工总厂石灰氮车间（即

为人民服务补鞋小组的年轻人在一起工作,脸上洋溢着笑容。

现在的双氰胺车间)当学徒工。这个车间高温、多粉尘、产品腐蚀性强,工人上班都要穿上厚厚的劳保皮鞋。一天,陈金刚看见一个老工人正用一根铁丝修补皮鞋的裂口,便走上前好奇地问:"师傅,鞋子怎么不拿到街上去补?这样缠住是不牢固的。"老工人无奈地叹气道:"唉,眼下生产这么忙,哪有空上街去!再说,这又脏又臭的劳保皮鞋谁爱补?"说者无意,听者有心,陈金刚再看其他工人脚上的鞋,真是五花八门,有用绳子绑的,有用铁丝捆的,有用胶布粘的。看到这些,陈金刚想:"我要是能够为师傅们修补工作鞋,让他们集中精力搞好安全生产就好了!"他把义务补鞋的想法与和他一起进厂的杜碧芸等伙伴一说,他们都说这主意好。说干就干,在车间党团支部的支持下,石灰氮车间学雷锋义务补鞋小组就在陈金刚进厂后不久成立了,陈金刚成了第一任组长。从此,陈金刚和伙伴们从补鞋起步,开始了学习雷锋、为人民服务的生涯。

他们一坚持就是十几年。在全国第一个"全民文明礼貌月"活动中,他们率先从厂区走上街头，用实际行动向社会倡导"学雷锋，树新风"，在三明市引起极大反响，成为福建省第一个面向社会的学雷锋先进集体。

1984年6月，全国"五讲四美三热爱"活动工作会议被特意安排在三明市召开，这是对以陈金刚为代表的三明市社会主义精神文明创建活动的高度肯定。1999年，中共中央宣传部、国务院办公厅、解放军原总政治部、共青团中央联合授予陈金刚学雷锋小组"全国学雷锋先进集体"称号。

40多年来，这个小组以"立足岗位学雷锋，讲敬业精神；服务社会树新风，献爱心恒心"为宗旨，共义务奉献工时29900多个小时，补鞋2700多双，补车胎、修工具袋、配锁6500多件，为贫困灾区献爱心、捐款、慰问820件次。虽然陈金刚学雷锋小组成员换了一茬又一茬，但是小组为人民服务的宗旨始终没变，活动的内容和形式随着时代发展而不断充实丰富，被誉为"文明城里的雷锋班"，成为三明市精神文明建设中一面不倒的旗帜。

有人说，40年前讲"五讲四美三热爱"能理解，到今天是不是已经过时了？还有必要再讲吗？

随着时代的发展，社会主义精神文明的内涵也更加丰富，特别是党和国家提出的培育和践行社会主义核心价值观，已经超越了"五讲四美三热爱"的范畴，是更高维度的实践要求。但是，作为具体的行为指导，"五讲四美三热爱"对于培养青少年的道德情操、文明养成，仍然可以发挥具体而微的作用，是不会过时的，当然有必要讲。

青年强则国家强，青年文明则国家文明，青少年在社会主义精神文明建设中肩负着重要责任。精神文明建设不是抽象的，而是具体的，最关键的在于落实到实际行动中，所以新时代的每一位团员都要带头从自身做起，从身边小事做起，从现在做起，努力践行社会主义核心价值观，争做新时代文明风尚的实践者和引领者。

⭐ 3. 努力培养"四有"新人

青少年是祖国的未来，社会主义现代化建设需要大批有素质的优秀人才，为此，党中央在新时期提出了培养和造就一代有理想、有道德、有文化、有纪律的共产主义新人的战略任务。团中央以此为主题在全国倡导开展了多项活动，推动了社会的进步和发展。

★ 首次提出"四有"新人

1980年5月26日，邓小平给《中国少年报》和《辅导员》杂志题词，勉励少年儿童"立志做有理想、有道德、有知识、有体力的人，立志为人民作贡献，为祖国作贡献，为人类作贡献"。

在1985年3月的全国科学技术工作会议上，邓小平完整地提出了"教育全国人民做到有理想、有道德、有文化、有纪律"的"四有"新人思想。他还提出，"四有"新人的培养，要在社会主义现代化建设的实践中进行，各行各业在社会主义现代化建设中都要重视人的科学文化素质和思想道德素质的提高，在整个社会造成一个人人向上奋发有为的良好的社会道德风尚。为此，他要求全党、工会、妇联、共青团、少先队、学校等党政、社会团体、群众组织一齐努力，加强道德教育，恢复和发展党和人民的革命传统，树立优良的社会主义道德风尚，培养社会主义新人。

根据邓小平的这一思想，共青团在党的领导下，把培养"四有"新人作为一项重要工作来抓。1985年召开的共青团全国代表大会上，通过了《关于动员和带动全国各族青年在"七五"期间建功立业、做四有新人的决定》，提出中国青年的光荣使命是高举改革的旗帜，创四化大业，做四有新人。1988年的共青团第十二次全国代表大会再次提出，要结合社会主义建设实践，努力培育"四有"新人。此后，一系列围绕培养"四有"新人的活动陆续开展起来。

1989年10月10日，邓小平同志为中国少年先锋队成立40周年题词。

★ "四有"新人引领风尚

为开展爱国主义、共产主义思想教育，抵制和清除精神污染，1984年1月，团中央发出通知，要求各地广泛发动青少年开展"三优一学"（搞好优质服务，建立优良秩序，创造优美环境，学雷锋、学先进）活动，积极参加文明单位建设。在3月份"全民文明礼貌月"活动中，团中央推广了北京市团组织开展的综合包户服务的经验，表彰了206个学雷锋先进集体。在此期间，共青团各类便民服务组织增加到355万个，有几千万青少年参加了相关的活动。

为引导青年多读书，读好书，1983年9月，团中央向全团转发了共青团上海市委的报告，推广上海市广泛开展青少年读书活动的经验。不久，团中央、全国青联、全国学联发出《关于开展"全国青年读书活动"的通知》。通知下发后一年间，全国有1.2亿青年参加了这次活动，一大批读书积极分子涌现出来。1984年11月，团中央召开全国青年读书活动总结表彰大会，表彰了30万名读书积极分子和300个先进集体。1986年，为进一步推动全国读书活动深入开展，全国总工会、共青团中央联合开展了"振兴中华、读书立志成长"活动。"读书、立志、成才"的口号吸引了更多的青年参

图书下乡活动满足了广东市民读书的渴求。读书看报，成了人们一天中最开心的时刻。

加到读书活动中来。

为抓好青年的智力开发和文化教育工作,各级共青团组织在继续办好"五小"智慧杯竞赛的同时,还开展了青工技术练兵比武活动,举办了首届全国青工技术大赛,进一步促进了青工队伍思想道德素质和科学文化素质的提高。此外,针对农村青年的特点,各级团组织在农村广泛开展了农村青年实用技术培训活动,从1986年到1992年间,全国共培训农村青年超过1亿人次。无数农村青年学得了知识,掌握了技术,走上了致富道路。

抓好少年儿童的培养教育工作,也是共青团培养"四有"新人的一项重要任务。为切实做好这项工作,1984年8月,团中央成立了中国少年先锋队全国工作委员会(简称"全国少工委")。全国少工委以"教育要面向现代化,面向世界,面向未来"为指导思想,通过开展"创造杯"竞赛活动、"达标创优"活动等,促进少年儿童德、智、体、美、劳的全面发展。其中,向英雄赖宁学习就是一项重要活动。

在"创造杯"竞赛活动中,少年队开展小制作活动。

1988年3月13日，刚写完作业的赖宁一下楼就看见远处山上冲天的火焰，他来不及告诉妈妈一声就飞快地直奔火场。为了扑灭突发山火，挽救山村，保护电视卫星地面接收站的安全，他主动加入了扑火队伍，在烈火中奋战四五个小时后不幸遇难，年仅14岁。

1989年5月31日，共青团中央和国家教育委员会联合作出《关于授予赖宁"英雄少年"光荣称号的决定》，号召全国各族少先队员向赖宁同学学习，学习他胸怀大志，从小做起；学习他热爱科学，勇于实践；学习他积极进取，全面发展；学习他热爱祖国，临危不惧。2009年9月，赖宁被评为"100位新中国成立以来感动中国人物"。2019年9月25日，赖宁被评选为"最美奋斗者"。

自20世纪80年代中期起，共青团为培育"四有"新人开展了一系列思想教育活动，培养了青年人的社会公德和职业道德，促进他们学习和掌握现代化科学知识，脚踏实地地在岗位上立功成才，帮助他们把远大理想同党和国家的奋斗目标结合起来，在改革开放和四化建设中发挥了积极作用。

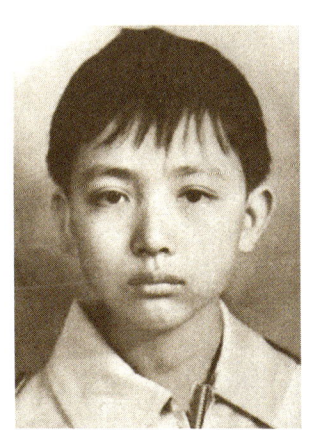

赖宁从小品学兼优，曾在书法、绘画、阅读方面获得多项荣誉。

4. 希望工程点亮希望

百年大计,教育为本。在改革开放初期,我们的教育发展还很不平衡,边远落后地区的很多孩子上不起学。在党的领导下,从1989年开始,共青团中央、中国青少年发展基金会启动了希望工程。上至国家领导人,下至普通市民,从花甲之年的老人,到幼儿园的孩子,都是希望工程的捐赠者。希望工程点燃了数以百万计的贫困家庭的孩子们上学的梦想,从而使他们成长为奋斗在祖国建设各条战线上的栋梁之材。

★我要读书

1991年,《中国青年报》摄影记者解海龙来到大别山采访,在安徽省金寨县张湾小学,有一个小女孩闯入了他的视线,只见她不断地抬头看黑板,

镜头下,苏明娟那双渴望知识的大眼睛让人难忘。

低头记笔记,在她那双清澈黑亮的大眼睛里,流露出"我要读书"的强烈渴望。这目光深深地震撼着解海龙,就在小女孩抬头的一瞬间,他快速按下照相机快门,于是就有了那张经典的"大眼睛"照片。这张照片后来成为希望工程的标志,主人公苏明娟一下子被全国人民关注。

安徽省金寨县因为山多地少,人民生活十分贫困,苏明娟家每年的土地收成仅够全家吃3个月。更多的时候,一家人只能依靠父亲每天起早贪黑上山砍柴、抓鳝鱼换来的钱买点儿口粮维持生计。因此,苏明娟每个学期100多元的学费就成为这个家庭最大的负担。苏明娟所在的学校非常破旧,后来她在接受记者采访时回忆道,她上小学一年级时,学校根本没有严格意义上的校舍,是由旧社会的祠堂改建的,有窗户,但是没有玻璃,上面糊着纸,破了很多洞,冬天非常冷。就是这样的求学条件,学生们每天上学还要跋涉30多里的山路。

教育一直是党和国家高度重视的问题。新中国成立之初,全国文盲率高达80%以上,学龄儿童入学率不到20%。从1950年起,全国开展了大规模的扫盲工作。1961年到1963年,教育部先后颁布《高校六十条》《中学五十条》《小学四十条》,提出了大中小学教育的任务和培养目标,我国开始形成比较完整的国民教育体系。

1978年,党的十一届三中全会召开,随着党和国家工作重点转移到经济建设上来,教育在社会主义现代化建设中的地位和作用越来越凸显。1983年,邓小平提出"教育要面向现代化,面向世界,面向未来"的战略思路。"教育为本"的理念逐渐深入人心。1986年,邓小平又提出"教育是一个民族最根本的事业",倡导全党全社会树立"尊重知识、尊重人才"的观念。然而,我国人口多,底子薄,经济和文化落后,特别是贫困地区多,人口居住分散，义务教育规模庞大，教育经费短缺……一堆不得不面对的现实问题摆在我们前面，需要一一解决。

据《瞭望》周刊报道，当时的中国，因家庭贫困而失学的小学生，平均每年有 100 多万。虽然《中华人民共和国义务教育法》已经于 1986 年 7 月 1 日正式施行，但对于贫困家庭来说，每年要缴纳的学杂费仍然是沉重的负担，尤其是贫困地区的教育状况亟待改善。好多孩子虽然入了学，可是会因为各种原因中途辍学，无法正常完成学业。

1989 年 3 月，团中央发起成立了中国青少年发展基金会（简称"中国青基会"），旨在通过资助服务、利益表达和社会倡导，帮助青少年提高能力，改善青少年成长环境。同年 10 月，团中央、中国青基会发起了以救助贫困地区失学少年儿童为使命的公益项目——希望工程。

★爱心圆了上学梦

中国青基会资助的首批对象是桃木疙瘩村的孩子们。

桃木疙瘩村，位于河北省涞源县，海拔约 1800 米，常年缺水少电，一到春冬干旱的时候，村民们要到五里外的河沟去背水。村里的桃木疙瘩小学，严格一点儿说根本称不上是"学校"。那是 3 间用石头、桦树皮、白胶泥土垒的石头房子，三根立柱支撑着屋顶，房顶没有一片瓦，四面漏风，白天当教室，晚上做羊圈。1989 年 10 月初，中国青基会河北调研组调研发现，全村 14 户人家共有 13 名学生，其中 11 名学生失学。

"车伯伯，我爹娘穷，不让我念书，我很想念书，长大像您一样做一个对社会有用的人。"这是因家贫辍学在家的张胜利写给时任涞源县政协副主席车志忠的一封求助信。

这封信深深刺痛了车志忠的心，他急忙给团中央写信，请求关注贫穷家庭孩子的读书问题。信很快被转到中国青基会，并引起高度重视。张胜利因此成为希望工程受助第一人。当他从青基会工作人员手中接过资助就读证时，激动得话都说不出来了。

　　在各级基金会的帮助下，张胜利读完了小学、初中，后又去了上海第一师范学校就读。毕业后，他果断放弃了留在上海的工作机会，回到桃木疙瘩村小学任教，不仅把全部青春献给了乡村教育事业，还用自己微薄的薪水资助了300多个贫困学生。他说，是希望工程圆了他的上学梦，他要把这份爱传递下去。

在希望工程实施30周年之际，张胜利被中国青基会评为"希望之星"。图为张胜利拿着从省里领回来的荣誉证书来到车志忠老人家中感谢师恩。

截至 2020 年，全国希望工程累计捐赠收入 175.8 亿元，资助困难学生 639.7 万名，援建希望小学 20593 所。在"希望工程"和社会各界爱心人士的帮助下，苏明娟、张胜利和千千万万个贫困家庭的孩子们完成了学业。

为希望工程捐款的，有各级党政领导干部，有各企业事业单位人员，有解放军指战员和武警官兵，还有更多不留姓名的热心市民。一个个捐赠者的故事同样感人至深。

93 岁的革命家帅孟奇率先为希望工程捐款人民币 2000 元，这是希望工程收到的第一笔个人捐款。

天津市塘沽区（今滨海新区）三年级学生周桐，将自己积攒起来准备买玩具的 27 元零用钱捐给了希望工程，成为第一个为希望工程捐款的小学生。

"大眼睛"苏明娟从上初中时起，就主动将自己收到的部分善款转赠给贫困小学生。上大学后，她坚持勤工俭学，把自己的助学款全部转赠给了其他贫困大学生。参加工作后的第一份工资，她全部捐给了希望工程。此后每个月，她都会从工资中拿出一部分捐给希望工程。2018 年，苏明娟拿出自己的 3 万元积蓄作为启动资金，在青基会设立了"苏明娟助学基金"，以帮助更多的贫困学子。

"大眼睛"的摄影师解海龙也是长期捐赠人之一。2006 年，"大眼睛"这张照片被拍卖出 30.8 万元的高价，解海龙和苏明娟共同决定将这笔钱全部捐给希望工程，在西藏建了一所"大眼睛希望小学"。

河北省军区原副政委赵渭忠被称为"希望将军"。他从 1992 年退休起，每年都将自己的 5 万元退休金捐赠给希望工程，即使在女儿身患尿毒症、每年需花费巨额医药费的窘境下，也从未中断。

烈日下,白方礼老人坚持蹬三轮,为孩子们攒钱上学。他说,他老了,为国家作不了多少贡献了,但资助的那些学生不一样,说不定就出了几个人才,那对国家的贡献多大啊!

来自天津的白方礼老人更是感动了无数中国人。他连续十多年靠辛辛苦苦地蹬三轮车攒下了35万元,帮助300多个贫困孩子圆了上学梦,而他自己却过着"一个馒头、一碗白水"的清贫生活。

一笔笔善款汇聚成一股股暖流,将贫困家庭的孩子们送到了梦寐以求的学校,也为我们这个民族带来了无尽的希望。

★一个特殊的签名

1992年6月10日傍晚,两名身穿白衬衣的年轻人带着3000元钱走进中国青基会的捐款室,工作人员在接待之余向他们询问捐赠者的姓名,这两名年轻人却不愿意透露信息。后来,工作人员说,留下捐款人的名字是基金会的规定,是要为后人留下一份责任与爱心的清单。在工作人员的坚持下，两名年轻人这样回答："如果一定要留名，就写'一位老共产党员'吧。"几个月后，这两名年轻人又来到青基会，拿出2000元捐赠给希望工程，仍然留下了"一位老共产党员"的签名。

这位"老共产党员"究竟是谁呢？青基会的工作人员经过多方打听，终于得知，这位"老共产党员"正是邓小平。

邓小平一直心系贫困学子，"希望工程"4个字就是他的亲笔题词。1992年4月15日，邓小平为希望工程的题词在《人民日报》上发表，由此揭开了"希望工程百万爱心行动"的序幕。

1999年以后，希望工程逐渐由救助失学儿童转向对优秀受助生的跟踪培养，希望小学由硬件建设逐渐转向软件建设。

2007年5月，希望工程全面升级，将对学生的"救助"模式拓展为"救助—发展"模式，自此一系列公益服务项目出台：希望工程教师培训、希望工程图书室、希望工程电脑教室、希望工程快乐体育园地、希望工程数字电影院线、希望教师，还有专门编辑的《希望工程公益读本》；设计开发的"勤工俭学""社会实践"等系列活动，面向受助学生，传播"助人自助"的公益理念，帮助学生增强公民意识、平等意识，让学生通过助人，传递爱心。

2019年，在希望工程实施30周年之际，习近平总书记寄语希望工程，强调让青少年健康成长是国家和民族的未来所系。进入新时代，共青团要把希望工程这项事业办得更好，努力为青少年提供新助力、播种新希望。

党的十九大以来，希望工程聚焦教育扶贫，积极参与脱贫攻坚，开展"希望工程助力脱贫攻坚10万+行动"，将"三区三州"等重点扶贫地区的建档立卡贫困家庭学生作为主要资助对象，开展帮扶工作，精准资助困难学生。

从 1990 年金寨县第一个希望小学建成，到如今全国 2 万多所希望小学落地，希望工程点亮了无数青少年的人生，改变了无数孩子贫穷的命运。他们的成长，见证了中国式扶贫脱困的奇迹。这些被改变了贫穷命运的受助者，如一粒粒饱满的种子，播撒在广袤的祖国大地上，孕育了"知识改变命运"的更多希望。

1990 年 5 月 19 日，金寨县希望小学正式落成，成为全国第一所希望小学。它犹如一颗种子，在大别山深处"破土"。

5. 青年志愿者在行动

1992 年，以邓小平南方谈话和党的十四大为标志，我国改革开放和社会主义现代化建设事业进入新的发展阶段，根据前几年的经验教训和社会主义市场经济建设的需要,党中央坚持"两手抓,两手都要硬"的方针,在大力推动社会主义市场经济建设的同时,把精神文明建设摆在了前所未有的高度。青年志愿者行动就是在这样的背景下,由共青团发起的一项重要活动。

★总书记的一封来信

2013年12月5日,是国际志愿者日,也是中国青年志愿者行动开展20周年的日子。

这一天,华中农业大学2万余名志愿者收到了来自中南海的特殊礼物——一封习近平总书记写给"本禹志愿服务队"的回信。在信中,习近平总书记充分肯定了志愿者们在服务他人、奉献社会中取得的成绩和进步,勉励他们弘扬志愿精神,"坚持与祖国同行、为人民奉献,以青春梦想、用实际行动为实现中国梦作出新的更大贡献"。

"本禹志愿服务队"到底是一支怎样的队伍?这还要从10年前的中国青年志愿者行动说起。在新的形势下,为了大力加强精神文明建设,党中央提出跨世纪发展战略目标和培养跨世纪一代新人的要求。1993年12月,团中央十三届二中全会通过了《在建立社会主义市场经济体制进程中我国青年工作战略发展规划》,决定实施"跨世纪青年文明工程"和"跨世纪青年人才工程",并把这两个工程作为团的青年工作再上新台阶的突破口。青年志愿者行动是"跨世纪青年文明工程"的首推实施项目。

1993年12月19日,团中央和全国铁道团委组织2万余名铁路系统青年志愿者,在京广铁路沿线开展为旅客送温暖志愿服务活动,拉开了中国青年志愿者行动的帷幕。这一活动的开展让很多青年自愿加入志愿者的队

看着孩子们的笑脸,陪在孩子们的身边,徐本禹有着强烈的幸福感。2004年,他被评为"感动中国"十大人物之一。

伍中来。"本禹志愿服务队"就是这样一个校园志愿服务团队。

2001年12月,一次偶然的机会,徐本禹看到一篇对贵州"岩洞小学"的报道。他被这篇报道深深地触动了,下定决心要为那里的孩子们做点什么。大三暑假,他和4名志愿者来到了贵州省大方县猫场镇狗吊岩村为民小学支教。那儿生存条件极差,没有水,没有电,没有公路,寄一封信要跑18公里崎岖的山路。他们原计划支教两周,可考虑到当地师资力量太匮乏,最终坚持陪孩子们度过了两个月。

2003年,徐本禹考上了母校公费研究生,但他的内心一直牵挂着贵州的孩子们。经过再三考虑,他决定放弃读研究生的机会,重返贵州支教。

徐本禹先到为民小学支教一年,接着又来到了条件更加艰苦的大水乡大石小学支教一年。这里的条件比他想象的还要艰苦:粗糙的玉米渣和酸菜汤是一天的主食,缺油少盐,难以下咽,不时还有苍蝇掉进碗里;晚上睡觉时常有跳蚤和臭虫往身上爬,咬得人浑身疙瘩,无法入睡。

比这些更苦的是大山深处的孤独。2004年4月,徐本禹回到母校华中农业大学作了一场报告。他站在讲台上,半响才说出第一句话:"我很孤独,很寂寞,内心十分无助和痛苦,有几次在深夜醒来,泪水打湿了枕头,我感到自己快坚持不住了……"没有豪言壮语,有的只是实实在在的感受,台下的同学们听得泪流满面。可他坚持了下来,实在感到寂寞时,就写信、写日记,或者去学生家家访。他说:"和学生在一起就会很开心,当你的心融入当地,孤独寂寞就会少一些。"

不久,一篇讲述徐本禹赴贵州山区支教的帖子《两所乡村小学和一个支教者》出现在网络论坛,顿时引起社会及媒体的强烈关注。就在这一年,徐本禹作为大学生志愿者的典型,被评为"感动中国"年度人物。颁奖词这样总结:"如果眼泪是一种财富,徐本禹就是一个富有的人,在过去的一年里,他让我们泪流满面。从繁华的城市,他走进大山深处,用一个刚刚毕业的大学生稚嫩的肩膀,扛住了倾颓的教室,扛住了贫穷和孤独,扛起了本来不属于他的责任。也许一个人的力量还不能让孩子眼睛铺满阳光,爱,被期待着。徐本禹点亮了火把,刺痛了我们的眼睛。"

在徐本禹及其支教精神的感召下,一个以他的名字命名的志愿服务团队在华中农业大学成立了。让青春在志愿服务中绽放,"本禹志愿服务队"让更多的人认识并了解了青年志愿者。

★社区来了志愿者

1994年初,3个年轻学子叩开北京城建集团职工部三喜烈士的家门,为烈士子女义务家教。青年志愿者行动走进社区的序幕就在那个寒冷的冬日拉开了。

两个月后,团中央"一助一"长期结对服务计划正式实施。于是,一名名青年志愿者，一支支青年志愿者服务队与一个个困难家庭长期结对，青年志愿者们自愿为需要帮助的家庭提供经常性志愿服务。仅几年时间，"一助一"长期结对数就已达300多万对。

赠人玫瑰，手留余香。一批又一批青年志愿者走入社区，将爱心奉献给需要帮助的困难群众，唱响了一曲曲新时期社会主义道德的青春之歌。

每逢来访日，高昂激越的琴声就从唐山市截瘫疗养院传出来。在青年志愿者手把手、一对一的教导下，高位截瘫且双目失明的吴立海二胡拉得越来越专业。他最喜欢演奏《没有共产党就没有新中国》，觉得这首歌道出了自己的真实感受。他说，是青年志愿者的无私帮助，鼓起了他对生活的信心，他没有因身残而消沉落伍，而是能够跟党前进，与新时代同行，这一切都要感谢党，感谢社会！

此外，大中学生志愿者社区援助工作从1996年开始推进，广大大中学生利用周末和课余时间，就近就便深入社区，以志愿方式提供多内容的专业服务。他们中一部分学生通过到居委会挂职等方式积极开展教育、科技、文化"三进巷"活动。同时，社区青年志愿者服务站创建也开始了试点工作，这些服务站与青年志愿者服务队共同构成了中国志愿服务的基层组织网络。

★ 保护母亲河

1998年，长江、松花江、嫩江流域同时发生严重洪灾，母亲河的保护刻不容缓！1999年初，共青团中央、全国绿化委员会、全国人大环境与资源保护委员会、全国政协人口资源环境委员会、水利部、国家林业局、中国青基会等单位响应党中央、江泽民总书记"再造秀美山川"的伟大号召，发起了旨在动员广大青少年和社会公众保护和改善生态环境的大型社会公

共青团组织开展青少年保护母亲河社会实践活动。

益活动——"保护母亲河行动"。一个群众性生态环保公益活动就此展开,广大青少年积极主动地参与进来。

"5元捐植1棵树""200元捐植1亩林""200元捐建1亩坡地改梯田",这是"保卫母亲河行动"的资金筹集方式。1999年1月19日,上海的刘新康以其已故母亲的名义捐植1亩林,成为"保护母亲河行动"领导小组收到的第一笔个人捐款。他在给团中央的信中这样写道:"中华民族要有紧迫感,全力动员,有钱出钱,有力出力,使每一寸土地都绿起来。憧憬着,10年后,到处是鸟语花香、莺歌燕舞……"

1999年春节期间,天津耀华中学、第二师范学校、上海道小学等10所学校向全市的青少年发出了"省下压岁钱,种棵世纪树——保护母亲河"

的倡议，天津市的20多万名中小学生参加了这一有意义的主题活动。他们用集中捐献的压岁钱在黄河源头命名兴建了100亩生态林。

在北京光明小学，新学期开学的第一天，"手拉手捡拾一个希望，还母亲河一片绿色"活动就开启了，少先队员们在接下来的一个学期，就"保护母亲河行动"开展一次宣传活动、一次调查活动、一次废品回收活动，并举行一次主题队会、一个捐款仪式。

从1999年6月开始，团中央联合国家环保总局等部门以"劳动、交流、学习"为主题实施了"保护母亲河"中国青年志愿者绿色行动营计划。廖晓义，这名毕业于中山大学哲学系的硕士研究生，在1998年美国总统克林顿访华期间，作为中国七位民间环保人士代表之一参加了总统的圆桌会议。她在《志愿放弃美国绿卡登记表》"理由"一栏里写下：留在中国搞环保。廖晓义和成千上万名年轻人一起，参加了"保护母亲河行动"。榜样的作用是巨大的。他们激励着越来越多的青少年投身到生态环境建设的热潮中来。

从2001年1月起，"保护母亲河行动"以"小事做起来，保护母亲河"为工作重点，由单一地发动青少年转为以青少年为主，牵动社会公众和团体广泛参与。2005年"保护母亲河行动"荣获联合国首届"地球卫士奖"。

★扶贫开发，进军西部

1994年5月，为帮助贫困地区脱贫致富，团中央、中央国家机关团工委、团北京市委联合组织了青年志愿者支教扫盲服务队、青年志愿者科技扶贫服务队、青年志愿者为贫困地区送温暖服务队、青年志愿者山区医疗服务队等8支青年志愿服务队。

从1996年开始，团中央先后联合中央文明办、教育部、原卫生部等多个部门实施了"青年志愿者扶贫接力计划",采取公开招募、定期轮换、长期坚持的接力机制,组织动员青年志愿者为贫困地区提供每期半年至两年的基础教育、医疗卫生、农业科技推广等方面的服务。到2003年,全国共有31个省、自治区、直辖市实施了这项计划,累计有20多万名城市青年报名,从中选派了10000多名志愿者,受援贫困县达200多个,覆盖了西部12个省、自治区、直辖市,初步形成了支教、支医两大支柱项目和跨省对口支援、省内发达地区支援欠发达地区等工作模式。

此外,团中央联合中央宣传部、教育部实施了暑期大中学生志愿者文化科技卫生"三下乡"活动,在每年暑期都动员百万余名大中学生深入农村贫困地区、受灾地区,开展扫盲和文化、科技、卫生等志愿服务。

2003年,团中央、教育部、财政部、人力资源和社会保障部共同组织实施大学生志愿服务西部计划(简称"西部计划"),截至目前,累计招募派遣41万余名高校毕业生及在读研究生,深入基层开展为期1至3年的

2019年7月7日,共青团助力脱贫攻坚精神扶贫暨2019年甘肃省大中专学生志愿者暑期文化科技卫生"三下乡"社会实践活动举行出征仪式。

志愿服务。2021年，共有来自2300多所高校的18万余名应届毕业生及在读研究生，报名参加西部计划，接力奉献祖国西部基层建设。

近年来，西部计划全国项目每年实施规模保持在2万人，地方项目实施规模约2.1万人，推动乡镇及以下服务岗位覆盖率超90%，为全面推进乡村振兴提供人力资源支撑。这其中就有在贵州省大方县大水乡支教、感动无数中国人的徐本禹；还有2003年毕业于北京大学，放弃了深圳高薪的工作，毅然到内蒙古巴林右旗支医，一年后扎根在当地的莫锋；还有2003年从浙江工程学院（现浙江理工大学）毕业，放弃东部优越的工作条件，到四川省沐川县海云乡同心村当起了村干部的周毅……他们用青春在祖国边疆和落后的山村书写着人生的传奇。

习近平总书记曾多次作出批示或给志愿者回信，肯定志愿者们在西部地区辛勤耕耘、默默奉献，为当地经济社会发展、民族团结进步作出了贡献，勉励青年人以志愿者为榜样，到基层和人民中去建功立业，让青春之花绽放在祖国最需要的地方，在实现中国梦的伟大实践中书写别样精彩的人生。

青年志愿者在行动，一个个闪亮的名字拼接出建设祖国的美丽画卷。这些志愿者以实际行动在全社会弘扬了"奉献、友爱、互助、进步"的志愿精神，为树立社会新风、提高公民素质发挥了重要的引领作用。

6. 青年文明号

青年文明则国家文明。1993年12月，共青团中央决定实施"跨世纪青年文明工程"和"跨世纪青年人才工程"。青年文明号是"跨世纪青年文明工程"的又一个重要项目，旨在弘扬良好的社会公德、职业道德以及艰苦创业精神，倡导健康、文明、科学的生活方式，提高青年思想道德素质和科学文化素质，于1994年发起并在全国范围内广泛开展。

★ "青年文明号"起航

1994年4月8日，在首都国际机场停机坪上，团中央与民航总局首次为民航系统的青年文明号先进示范单位授牌，从这一天开始，一项跨世纪青年文明工程拉开了序幕。

1994年4月8日上午，中国国际航空公司飞行三大队、东方航空公司"凌燕"乘务示范组、广州白云机场指挥调度塔台与首都机场贵宾室的年轻人一道接过"青年文明号"标牌。青年文明号活动从此拉开了序幕。

青年文明号活动以基层青年集体为基本单位，是一项以弘扬职业文明、创造一流业绩为基本内容的群众性精神文明创建活动，目的是培养青年的敬业意识、创业精神，树立质量、安全、竞争、协作、服务、效益观念，从而提高青年的业务技能，是引导青年迎接跨世纪挑战的一面旗帜。

三峡总公司在三峡工地隆重举行国家重点建设工程创建青年文明号誓师大会。

在各地、各部门和广大职业青年的积极参与下，青年文明号活动得到充分发展，逐渐成为全国范围内的精神文明创建活动。活动覆盖的行业由最初的8个扩展到30多个，从"窗口"行业逐步拓展到服务行业、重点建设工程。截至1998年7月，全国有5000多万名青年投身于创建青年文明号活动中，涌现出各级青年文明号9万多个。树立窗口形象，优化基层管理，推动改革创新，青年文明号已成为共青团和广大青年服务国家建设的重要载体和有生力量。

机场车站、海关边检、政务服务大厅、国家重点建设工程……青年文明号像一道道亮丽的风景线,以扎实的工作作风、优秀的服务质量,树立了青年在人民群众心中的良好形象。

★北京有个"96166"

青年文明号是敬业的团体。

对于很多北京市民来说,"96166"这个数字再熟悉不过了,他们的生活已经与这个数字和李素丽这个名字紧紧连在了一起。李素丽从20世纪90年代初开始成为北京公交战线的一面旗帜,她爱岗敬业,把平凡的售票工作升华为一种艺术化的服务。

1999年12月,北京公交服务热线正式开通,24小时为市民出行、换乘提供交通信息服务。领导把这条热线交由李素丽负责,李素丽与23位服务热线的姐妹以满腔的热情投入到工作中,打造了北京公交响亮的服务品牌。

李素丽热心为乘客服务。她始终践行"一心为乘客,服务最光荣"的工作理念,被乘客誉为"微笑的天使"。

"乘客出行的向导，解答询问的智囊，质量监督的渠道，联系市民的桥梁"是她们的服务宗旨。服务热线开通第一天，求助咨询电话就超过1000个。渐渐地，"96166"成为北京众多热线电话中最火爆的一条。热线开通仅3年，共接到来电3510534个，最高纪录是一天接听约4万个电话。

为搞好服务，李素丽自己带头，为所有接线员规定了几条服务忌语，希望他们的话语中不出现"不知道，不能，不管"。她还教导接线员要微笑服务。另外，每个热线工作人员面前都放着一个镜子，镜子上写着"今天你微笑了吗"。公交每次开通新线或调延旧线，接线员都要走访，记下沿途医院、学校、宾馆、商厦、景点等的准确位置。北京公交线路越开越长，姑娘们的走访也越来越远，她们每人都记了上万字的出行笔记，共追踪走访700多条线路。

一位老劳模，一个爱岗敬业的优秀群体，她们以优质的服务赢得了社会的广泛赞誉。服务热线里个个都是"李素丽"，多人被授予全国和北京市的荣誉称号。"96166热线"也先后获得"全国巾帼文明示范岗""首都劳动奖章""首都青年文明号"等荣誉。

★ 小岗位、大事业

青年文明号是协作的团体。

在贵州西电东送标志性工程构皮滩发电厂里，一提起继电保护班，无人不竖起大拇指。10名年轻人承担着全厂发电机组的继电保护、稳控系统、开关操作回路等日常维护与设备检修工作。

2013年2月，构皮滩发电厂两台机组同时检修，而工期只有两个多月。他们凭借坚忍的意志和强烈的责任心，团结奋战42天，最终保障机组一次性启动成功。

为了能及时发现设备缺陷、排除安全隐患，保护班建立了设备责任分工管理制度，还针对危险点的预控与遏制，建立了一套安全管理系统。班组继电保护定检计划完成率和优良率都接近100%，单项工作耗时降低了约30%。

在保护班办公室的一张桌子上，摆满了各类专业图书。每天工作结束后，这里就变成了班组的"1小时创新小课堂"。他们在工作中遇到的具体问题，就拿到小课堂上来讨论，共同攻关。在这里，保护班先后诞生了"未遂控制323法"、技能等级评价模型等创新成果，多名成员在国家级技能大赛中获奖。

"没有小岗位，只有大事业"是保护班一直以来恪守的信念，"永不言败，我们是最优秀的团队！"是他们信守的诺言。心往一处想，劲就往一处使，靠着团队协作，保护班创造了继电保护装置与励磁系统的零事故纪录，先后获得"全国工人先锋号""全国青年文明号"等荣誉称号。

★服务卡优质服务

青年文明号是创优的团体。

优质服务是青年文明号活动的核心内容。随着青年文明号创建活动的不断深入，1996年4月，由团中央和内贸部、公安部等20个部委作出决定，在全国"窗口"行业的青年文明号集体中逐渐推行青年文明号服务卡优质服务活动。这一年8月22日，在全国100个城市中的邮电、基建、卫生、公安、银行5个行业中举行了现场启动仪式。

推行青年文明号服务卡的根本目的在于改善服务，造福百姓。青年文

2001年3月15日,北京、哈尔滨、合肥等大中城市服务行业的青年文明号集体开展了以"真品真货,真心真情"为主题的"百城万店青年文明号社会监督日"活动。

明号服务卡上写有从业人员的工号,青年文明号集体的每一个从业人员都是直接实践者,是第一责任人。服务卡上清清楚楚地写明具体承诺内容。有的商场承诺:不卖假货,如卖了假货则加倍赔偿;价格公平,如追求暴利则退还差价;便民服务,包括缺货登记、帮助寄送、售后服务等。有的出租车公司承诺:不拒载,如发现拒载则给予处罚;不绕行,如发现绕行则10倍赔偿乘客损失;找零钱,如发现不找零钱则10倍赔偿;保持车容车貌整洁等。

在北京,西单商场青年文明号社区服务小分队把货真价实的商品送到社区,并开展维修、服务、咨询等活动。同时,西单商场的照相器材、精品鞋、化妆品等青年文明号柜组也纷纷推出优质服务项目。

在广州市郊的商贸集市上,"广州市'青年文明号'促销服务队"

开展了防伪知识宣传、产品演示、让利促销等活动。

在上海，南京东路青年文明示范街组委会，向全市400多个青年文明号集体和4000多个争创集体发出积极投入"百城万店无假货"活动的倡议。

在四川，青年文明号集体在成都人民商场前热情地为消费者提供电子商务咨询、商品预约登记等服务，向顾客发放青年文明号服务卡。

青年文明号服务卡既有效地激励着每一个青年敬业爱岗，又更直接地约束着每一个青年文明从业，使青年文明号活动成为广大青年的自觉实践。

★挑战"生命禁区"

青年文明号是奉献的团体。

2005年10月，一篇题为《横跨世界屋脊的铁路》的报道在英国《卫报》上刊登。文中提到，西藏根本没法修筑铁路，那里有5000米高的山脉要攀越，12公里宽的河谷要架桥，还有绵延上千千米、根本不可能支撑铁轨和火车的冰雪和软泥。怎么可能有人在零下30摄氏度的低温中开凿隧道，或者在这个稍微一用力就需要氧气瓶的地方架桥铺轨呢？可是，就是这样一个被很多人认为不可能实现的工程，中国人却让它成为可能。

修建青藏铁路是中国人的梦想。1984年，青藏铁路一期由西宁至格尔木段就已经建成通车。直到2001年，格尔木到拉萨段才开始动工建设。之所以准备了长达10多年，是因为面临着的多年冻土、高寒缺氧、生态脆弱三大世界性工程技术难题要克服。

2002年3月，一支曾被朱德元帅称赞为"移山填海"的铁军，开赴唐古拉无人区，担负起修建青藏铁路17标段施工任务，这支队伍就是被人们

2004年,中铁十七局青藏铁路工程指挥部被团中央授予"青年文明号",所承建工程被总公司团委授予"青年文明号工程"。

誉为"青藏铁路建设功臣"的中铁十七局。

一群平均年龄不超过30岁的年轻人向"生命禁区"发出了挑战。他们尊重科学,研发出了多项世界领先的高原施工技术成果,同时以人为本,强化各项卫生保障工作,最终确保了青藏铁路如期穿越唐古拉山,刷新了世界铁路的最高点纪录,牵引钢铁巨龙入藏。

20多年来,青年文明号始终以各行各业的职业青年集体为创建主体,始终秉持"敬业、协作、创优、奉献"的理念,弘扬职业文明、培育先进集体和优秀人才,在引领时代风尚、推动行风建设、助力青年建功、服务群众等方面发挥了积极作用。它有效助推了中国青年职工在社会主义市场经济建设大潮中，立足本职、精耕专业、服务社会、创业创新，实现了经济效益、社会效益、素质提升、价值展示的多重收获，成为市场经济条件下职业文明建设中的一道亮丽风景。

7. 中国青年创业行动

创业是推动经济发展的原动力，青年创业反映着时代风貌。中国改革开放的不断深化和社会主义市场经济的深入发展，为青年就业创业提供了广阔舞台。在这一历史大潮下，团中央推出了"中国青年创业行动"，通过培养青年的创业精神、实施青年创业培训计划、开展"下岗青工创业行动"等活动，努力帮助青年实现就业、成功创业。

★ 帮扶青工再创业

2004年11月，首届"中国青年创业奖"在北京人民大会堂正式颁发，11名白手起家的青年被授予这项旨在激励青年创业的最高荣誉。

商业连锁企业步步高的创始人兼董事长王填是11人中的一员。10年的时间，王填带领步步高从不足百平方米的小店发展成为中国百强商业连锁集团。

在湘潭商校读书时，王填发现同学们很难在学校和附近的地方买到暖瓶胆。于是，他利用自己掌握的信息和货源，获取了人生的第一桶金。毕业时，王填被当时的湖南明星企业直接从学校要走。由于表现出色，24岁时他被破格提升为业务科长。可惜好景不长，曾经的明星企业也开始走下坡路。

就在此时，王填作出了人生的重大决定——辞职下海，自己创业。他认为传统零售业已经不适应社会的发展，而新兴超市却大有前途，于是成立了步步高食品有限公司。他揣着仅有的5万元资金来到广州，成功拿下了统一集团湘潭地区代理权。此后，他又在众人怀疑的眼光中承包了一块当时看来"难啃的骨头"——国营菜肉市场。1995年12月湘潭第一家真正意义上的连锁超市成立了，并引发了湘潭零售业的一次革命。

20世纪90年代后期，中国经济发展步入快车道。随着国有企业改革不断深化，下岗职工逐渐增加，很多年轻人刚刚工作没几年就下岗待业，

1998年以来，团中央在全国组织实施了"中国青年创业行动"，帮助青年在创业中实现就业和再就业。图为2002年10月21日团中央召开共青团全国促进青年再就业工作会议。

2014年团中央启动"创青春"中国青年创新创业大赛,如今它已经成为深受青年喜爱、具有较大社会影响力的创新创业重点示范赛事。

青年的就业和再就业需求极为迫切。

引导和帮助下岗失业青年自谋职业、以创业带动就业成为时代对新一代创业者提出的历史性题目。

共青团根据中国改革开放这一阶段性特征,于1998年推出了"中国青年创业行动"计划,把"下岗青工创业行动"作为这一活动的主体。

在帮助下岗青工再就业问题上,共青团通过调查了解到下岗失业人员再就业有两大难点:一是就业观念落后,二是缺乏就业技能。针对观念落后,团组织通过举办座谈会、研讨会、报告会,树立青年创业典型等方式积极对青年进行"观念培训",引导青年摒弃工作有高低贵贱之分的陈旧观念和端上"铁饭碗"才算就业的传统观念。这一系列培训激发了广大青年的创业意识和成才意识。

针对就业技能的缺乏，各级团组织利用团校、青少年宫、青年科技图书站等团属阵地，并依托职业教育学校、高等院校等建立了各类青年再就业培训基地3600多个，对近150万名下岗失业青年进行了实用性、操作性强的技能培训。培训后青年的上岗率达到了60%以上。

全国杰出青年兴业领头人、陕西西安"小六汤包"连锁店总经理张安新就是团西安市委"帮助青年创业计划"的受益者。1998年，团西安市委协调市工商银行为张安新提供了10万元低息贷款，为他扩大经营规模提供了资金支持。此后，他先后开办了6家连锁店，建成了"小六汤包"配送中心，组建了现代连锁餐饮公司。为此，张安新激动地说："没有团组织的扶持，就没有今天的我，就没有今天的'小六汤包'。"

进入新世纪、新阶段以来，全面建设小康社会的战略目标，为青年创业提供了广阔的前景，党中央、胡锦涛总书记对广大青年提出四点希望：要坚定理想信念、要勤奋刻苦学习、要勇于艰苦创业、要培养高尚品德。团中央积极贯彻落实，推动"中国青年创业行动"走向又好又快发展的新阶段。

★牵手大学毕业生

大学生是最具有活力和创造力的群体。"中国青年创业行动"把帮助大学生创业作为一项重要内容。

随着经济腾飞、社会发展，国家对高素质人才的需求也急剧增多。从1999年起，全国高校进行扩大招生改革。2003年，高校毕业生212.2万人，比2002年增加67万人，打破了以往就业市场的供需平衡，使高校毕业生

在团中央青年发展部的指导下,"千校万岗"大学生成长计划为大学毕业生尤其是来自贫困家庭的应届大学毕业生优选1万个以上的就业岗位,提供亿元租房的资金帮扶和一系列求职、应聘的在线培训课程。

就业压力空前增大。

2003年7月,团十五大提出要促进青年就业创业,抓好就业引导、就业培训、就业服务等环节,鼓励、扶持青年创业,协助做好高校毕业生的就业工作。根据这一指示精神,2003年11月,团中央、全国青联、劳动和社会保障部等共同倡导发起"中国青年创业国际计划"。2004年4月,团中央、全国学联启动"大学生就业见习行动"。

2007年12月,团中央又发起"百城万企进校园"活动。2009年9月,团中央召开共青团促进大学生就业创业工作电视电话会议。2010年5月,团中央与人力资源和社会保障部等部委联合推出"大学生创业引领计划",

联合开展"见习助就业·牵手毕业生""MM百万青年创业计划"等活动。

在团中央开展的"见习助就业·牵手毕业生"活动中，各级团组织不仅注重通过"见习基地进校园""见习基地进技能培训机构""见习基地进人才市场"等有效形式组织青年见习，还通过网络平台、热线服务等形式不断拓宽见习渠道，提升对接效率。

在山东，团山东省委通过实施"青鸟计划"，聚合市县、企业、高校三方力量，系统推出就业服务、实习实践、技能提升、产学研转化等"四季"专题服务，多措并举为企业发展招人才，为青年人才送服务。在此过程中，建成覆盖全部县（市、区）的244处"青年驿站"，为求职青年提供免费住宿、政策解读、岗位推介等"一站式"服务，依托知名高校设立66处"青鸟驿站"，凝聚在外学子、青年人才。

在上海，团上海市委开展了以"每日一见习，每日一谏言，每日一改进"和"那一年，我们一起去见习"为主题的活动，引发广大毕业生及社会舆论的关注和共鸣，为对接活动营造良好氛围。

在重庆，团重庆市委开通暑期"12355"见习基地报名专线，派专人接听，优先将应届毕业生信息分发至各见习基地，缩短了岗位对接时间，提高了岗位对接率和上岗率。

在天津，团天津市委对参加"青年就业创业见习基地岗位对接月"暨见习岗位进校园活动的2300多名同学进行实时跟踪服务，开通见习问题举报专线，及时了解他们在见习工作中遇到的困难与问题，第一时间为他们提供帮助，解决他们所遇到的问题。

在广西，团广西区委针对有经济困难、就业见习障碍和创业愿望的青年，开展"一助一"帮扶，并组织一些部门和青年企业家们与毕业生结对，面对面进行交流，切实帮助他们制订求职和创业计划。

在贵州，团贵州省委组织开展技能培训服务，把培训与见习工作结合起来，形成培训与见习一条龙式服务，形成"走出校门进厂门"的良性互动。

★铺就农村青年致富路

农村青年是振兴农村经济，改变农村面貌的生力军。尽管国家在鼓励农村青年积极创业方面颁布实施了不少优惠政策，但由于农村青年受教育程度普遍较低、缺少创业动力和创业资金等问题，农村青年创业仍举步维艰。

2009年，团中央全面启动实施"共青团百万农村青年培训行动"。农村各级团组织采用多种有效方式，及时为青年提供政策信息、培训信息、岗位信息和融资信息服务，并且集中开展各类就业技能培训。

团中央与中国银监会联合出台文件，为农村青年创业在小额贷款方面给予便利；与人力资源和社会保障部联合实施"青春建功新农村就业创业培训项目"，用两年时间，对以返乡青年农民工、农村"两后生"（农村初、高中毕业后未能继续升学的人员）为重点的农村青年开展实用技能培训和劳动预备制培训，培训人数预计达40万人。

同时，团中央还授牌并公布首批1000个左右共青团"青年就业创业见习基地"及其对农村青年的岗位需求，为农村青年创业创造条件。

团中央制定的一系列的政策方案，重点解决了农村青年创业就业中的资金和技能缺乏等问题，鼓励和帮助农村青年创业就业。

为提升青年农民的技能水平，将实用技能培训与当地农村产业结构相结合；同时，对有技术和资金，并有创业意愿的青年农民，组织开展创业培训，加强项目开发、创业指导、小额贷款、后续扶持等"一条龙"服务，

山东"村村都有好青年"选培计划,聚焦"政治链""产业链""人才链"为好青年赋能,举办首届齐鲁青年乡村振兴创新创业大赛,发放"乡村好青年贷"31.5亿元,带动全省15.5万名好青年为乡村振兴注入强大活力。

帮助他们自谋职业和自主创业。

此外,团中央积极发挥农村青年创业致富带头人作用,在4年内使1万名农村青年实地接受蔬菜产业基地建设、无公害蔬菜栽培技术、农业科技成果转化与推广、市场营销、经营管理等方面的实践培训,并且以加盟连锁的形式进行创业。

通过整合体制内资源和社会资源,共青团切切实实地多方位、全方面助力青年创业。在时代大潮的引领和共青团的全力推动扶植下,有创业意愿的青年越来越多,青年创业成为一种时尚和潮流。

共青团在新的历史条件下开展的中国青年创业行动,积极促进青年创业就业工作，取得了广泛的社会效益，拓展了共青团的工作空间与领域，成为动员广大青年为国家经济社会发展贡献青春力量的重要品牌。

在改革开放和社会主义建设新时期，共青团适应时代要求，解放思想、锐意进取，团结带领广大团员青年，勇立潮头、振兴中华。广大团员青年紧跟时代步伐，积极响应党和团的号召，唱响"春天的故事"，为改革开放和社会主义现代化建设贡献了青春和力量。

中国特色社会主义新时代，共青团积极投身伟大斗争、伟大工程、伟大事业、伟大梦想波澜壮阔的实践，坚持守正创新、踔厉奋发，全面深化自身改革，团结带领广大团员青年拼搏奋斗，展现出自信自强、刚健有为的精神风貌。"清澈的爱，只为中国"，成为当代中国青年发自内心的最强音。伟大梦想，伟大使命，广大团员青年自觉担当重任，让青春在实现中华民族伟大复兴的中国梦中绽放异彩，为党和国家事业取得历史性成就、发生历史性变革贡献了青春、建立了重要功勋！

1. 青春汇聚"中国梦"

历经新中国特别是改革开放以来的巨大发展，中华民族伟大复兴展现出前所未有的光明前景。2012年11月，党的十八大确定"两个一百年"的奋斗目标。会议结束后不久，11月29日上午，习近平总书记带领新一届中央领导集体，来到中国国家博物馆参观《复兴之路》展览。他站在党的十一届三中全会照片前发表了重要讲话："现在，大家都在讨论中国梦，我以为，实现中华民族伟大复兴，就是中华民族近代以来最伟大的梦想。"实现中华民族伟大复兴的中国梦成为新时代的最强音。今天新时代的中国青年，正以自己的行动唱响属于自己的青春之歌。

★ 唱响"我的中国梦"

习近平总书记关于中国梦的重要论述，在全国广大青少年中引起热烈反响，极大地激发了他们实现民族复兴的内心渴望和高涨热情。为深入贯

中国国家博物馆《复兴之路》展览记录了中国人民在屈辱苦难中奋起抗争，为实现民族复兴进行的种种探索。图为展馆内的巨幅雕塑。

彻落实习近平总书记关于中国梦的一系列重要讲话精神，共青团中央在全国青少年中广泛开展"我的中国梦"主题教育实践活动。

团中央召开专题会议，围绕"我的中国梦"主题教育实践活动进行交流研讨。研讨会上，有的从构筑实现中国梦的远大志向、激发实现中国梦的奋斗精神、汇聚实现中国梦的强大力量等方面，对开展好这项工作提出建议；有的对在进城务工青年中开展工作提出方案；有的结合大中学生学习成才实际，畅谈了对开展活动的设想。在吸纳各方面意见和建议的基础上，团中央最终形成"我的中国梦"主题教育实践活动总体方案，并在全团作出系统安排部署。

"我的中国梦"主题教育实践活动开展当年就举行了万余场宣讲交流、覆盖350多万个基层团组织的主题团日、"我的中国梦——青春故事会"

"我的中国梦——青春故事会"活动中,青年代表踊跃分享追梦、圆梦奋斗历程中的精彩故事、宝贵经验和人生感悟。图为成都市成华区主题团日活动现场。

讲述分享、各平台网络新媒体宣传等活动,吸引了亿万青年直接参与。

大批受到表彰的中国青年五四奖章获得者、中国青年创业奖获得者、全国农村青年致富带头人标兵等青年榜样,通过自身的奋斗实践与广大青少年进行了面对面的交流,共话梦想。

中国青年五四奖章获得者、我国首艘航母项目高级工程师王治国说:"正是祖国的发展和强大,为我们个体提供了梦想的坚实支撑和广阔舞台。青年人只有珍惜所处的伟大时代,自觉投身中国梦的伟大实践,才能成就最有价值的人生。"

各级团干部和专家学者深入学校、企业、农村、城镇社区,与不同的青少年群体进行了有针对性的交流。通过交流,让他们认识到一代人有一代人的责任和担当,实现中华民族伟大复兴是我们每个人的梦想,伟大的中国梦最终要靠我们每个人的奋斗来实现。

各级团组织充分利用微博、微信等新媒体平台，与广大青少年进行互动交流，加深他们对中国梦的理解。"@三秦青年：没有行动，梦想便是空想。中国梦、青春梦需要我们每个青年以'仰望星空'和'脚踏实地'双轮驱动，方能成真！""@上海师大：青春的可贵不在于年轻，而在于能在风华正茂时怀揣梦想去奋斗，用心承载一份信仰，趁年轻，出发吧！"一条条微博都在传递着青春能量。

团中央还推出"我的中国梦"主题教育实践活动主网页，联合全国近3000家网站进行链接，以微视频、图片等形式吸引青少年参与活动。各级团组织创办的2000余个手机报平台，开设"我的中国梦"专栏，传递箴言、征集梦想、宣扬先进。

一系列围绕"我的中国梦"主题实践活动的开展，引导和激励着广大青少年敢于有梦、勇于追梦、勤于圆梦，为实现中国梦汇聚强大的青春力量。

★ 和总书记一起过团日

2013年5月4日，这是进入新时代的第一个五四青年节。在这个属于中国青年的光辉节日里，中共中央总书记习近平满怀着对广大青年的深厚感情和殷切期望，来到中国航天科技集团公司中国空间技术研究院，参加共青团"实现中国梦，青春勇担当"主题团日活动，参观空间技术成就展览，同各界优秀青年代表座谈，共度节日。

望着眼前一张张年轻的脸，总书记深情地说："今天是五四青年节，我们怎么纪念？我们一起来参观航天科技成就展，感受载人航天精神，激励包括广大青年在内的全国各族人民为实现中华民族伟大复兴的中国梦而奋斗，这样的纪念是很有意义的。"

在展览大厅，总书记和青年们一起回顾了青年为航天事业所作出的重大贡献。

60多年来，是一代又一代的航天人，挥洒青春，勇攀高峰，铸就了今天的"飞天揽月梦"。在这群逐梦人中，35岁以下青年占中国航天科技集团员工的54%，载人飞船、"嫦娥"卫星、"北斗"卫星、"东方红四号"卫星平台研制队伍的平均年龄分别是33岁、33岁、35岁和29岁。

站在"东方红一号"总装的历史图片前，习近平总书记向在场的人讲起他当年听到"东方红一号"发射成功时的心情："我当时在延川县梁家河村当知青，听到了发射成功的消息，非常激动！"

站在月球探测器旁，总书记总结道："空间技术领域是高技术集中的

一代代航天青年在党的坚强领导下，用行动诠释责任与担当。后浪奔涌，未来可期，航天青年正演绎着无限精彩。图为"嫦娥五号"任务连接器系统指挥员周承钰和同事们在一起。

领域，空间技术水平是一个国家科技实力的重要标志，也是一个国家经济实力、综合国力、国防实力的重要标志。"

一件件实物和模型、一句句振奋人心的话语，无不让在场的青年人感受到奋斗的青春力量。

座谈会上，习近平总书记认真地倾听在座的每一个青年人的奋斗故事。

听了"90后"电焊技师裴先峰的"中国梦"，总书记说："你通过奋发努力，成就的青春事业与党和国家的事业、人民的事业高度契合，这样事业的光谱就更广阔，能量也会更强。"

听了草原青年米吉格的"中国梦"，总书记说："草原的问题还在于载畜量过度。"他叮嘱米吉格既要保护好大草原，又要带领牧民们致富，"这是很光荣的职责。"

听了潜艇艇长华明的"中国梦"，总书记说："现在国家国力增强了，强军步伐也有条件逐步加快。最近，我两次上舰登艇，感觉官兵素质整体水平提高了，志向远大、意志顽强，再一个就是物质条件大为改善。我们一方面要强体，另一方面也要励志，发扬艰苦奋斗精神。"

在听取了11位优秀青年代表的发言后，习近平总书记指出："广大青年要勇敢肩负起时代赋予的重任，志存高远，脚踏实地，努力在实现中华民族伟大复兴的中国梦的生动实践中放飞青春梦想。"总书记的殷切期望和深情嘱托，更加坚定了广大青年为实现中国梦而不懈奋斗的信心。

★ "焊"出来的中国梦

"90后"电焊师裴先峰出生在河南省一个普通农民家庭。为了早日替父母分担经济压力，他把上大学的机会让给了哥哥，自己则选择了中国石油天然气第一建设公司技工学校。为了学得一门好手艺,他比其他人都刻苦努力,焊房里经常能看到他苦练的身影。每当谈起他,他的老师都这样说:"在学校学习期间,他几乎把所有的业余时间都用在了学习和练习上。"

由于成绩优秀,3年后,裴先峰进入中国石油天然气第一建设公司,成为一名电焊工,并参与庆阳石化年300万吨炼油装置改造工程。为了完成任务,他苦练技术,别人休息时,他却一头钻进焊房,每天都比其他工友多工作三四个小时,并率先攻克了炼化装置焊接管难题。因为技术水平过硬,2010年5月,公司第三工程处专门将裴先峰调到金牌队313管焊队。后来,他又被选送到"中国石油焊接安装技术培训中心(洛阳)"进行强化培训。

培训期间,裴先峰更加刻苦地钻研技术,几乎把所有的时间都用在了

成功从来没有坦途,梦想的绽放从来都浸透着勤奋的汗水。"90后"中石油第一建设公司工程队电焊技师裴先峰用精湛的技艺诠释了大国工匠精神。

学习上。他白天练习操作，晚上学习理论。高强度的学习使他的焊接技术和综合素质突飞猛进，一举夺得第十届全国工程建设系统焊工技能竞赛职工组铜牌，荣获"集团公司技术能手"称号，并作为中国代表参加第41届世界技能大赛。

大赛持续了4天零22个小时，在和国际焊接高手的较量中，裴先峰以超乎常人的体能和毅力完成了8个试件，在焊接组评分位列第二，比第一名仅差3分，一举夺得该项目银牌，实现了我国在该项赛事中奖牌零的突破。

作为优秀青年代表，裴先峰参加了中国航天科技集团公司中国空间技术研究院"实现中国梦，青春勇担当"主题团日活动并作为青年代表第一个发言。

当裴先峰说到自己目前正在国家重点工程中石油甘肃庆阳石化项目工作时，习近平总书记给予他很高的赞誉，这让裴先峰倍受鼓舞。"宝剑锋从磨砺出"，裴先峰把自己的美好人生与中国梦紧紧地联系在了一起，他用焊花点燃了"中国梦"。

在向梦想奋进的道路上，像裴先峰这样的青年还有很多很多。内蒙古青年米吉格把青春梦想放飞大草原，带领牧民们共同致富；中国地质大学2011级硕士研究生陈晨把青春梦想放飞珠穆朗玛峰，成为我国首个成功登顶珠峰的在校女大学生；解放军陆军军官学院学员曾昇铨把青春梦想放飞军营，把"练打赢、当精兵"作为不懈追求；河南农业大学农学院2011级硕士研究生王灵光把青春梦想放飞农村广阔天地，参加全国"挑战杯"创业计划竞赛并获得金奖，同时，他把科研成果转化到农业生产中去，不但节约了生产成本，而且增加了粮食产量，为农民创收……当一个个奋斗的青春向我们走来的时候，他们所汇聚的就是伟大的"中国梦"。

特战精兵曾昇铨有一个英雄梦、一份报国情。他凭借自己的不懈努力，在一次次磨砺中，从一名新兵成长为一名特战精英，让梦想绽放出夺目的光彩。图为曾昇铨正在进行战术基础动作训练。

今天，经过几代人的努力，第一个百年奋斗目标已经实现，我们正在意气风发向着全面建成社会主义现代化强国的第二个百年奋斗目标迈进。历史的接力棒已经交到我们手中。唯有不负青春、不负韶华、不负时代，才能为实现中华民族伟大复兴贡献力量。就像在庆祝中国共产党成立100周年大会上，共青团员和少先队员代表集体致献词《请党放心、强国有我》时说的那样："梦在前方，路在脚下，我们都是追梦人。为实现第二个百年奋斗目标，为实现中华民族伟大复兴的中国梦准备着……"

⭐ 2. "青年大学习"引领新时代青年

伟大的时代呼唤伟大的思想，伟大的思想引领时代发展。党确立习近平同志党中央的核心、全党的核心地位，确立习近平新时代中国特色社会主义思想的指导地位，对新时代党和国家事业发展、对推进中华民族伟大复兴的历史进程具有决定性意义。共青团坚持为党育人，始终成为引领中国青年思想进步的政治学校，紧随时代发展，大力推出"青年大学习"活动，用习近平新时代中国特色社会主义思想武装新时代中国青年。

★感悟创新理论的魅力

在北京大学的一间教室里，一场"青年大学习：办好中国的事情，关键在党"的学习交流正在热烈进行中。这是北京大学团委为深入学习领会习近平总书记"七一"重要讲话精神，切实发挥基层团组织引领、教育、凝聚青年的作用，让更多的团员参与"青年大学习"线上主题教育活动而举行的线下交流座谈。

交流中，同学们结合本期课程主题展开了热烈的讨论。有的同学说："伟大的事业与伟大的政党相辅相成，中国共产党百年来带领中国人民的一切创造与奋斗，驱动着中华民族不可逆转地实现伟大复兴。作为一名新时代的中国青年，我们要不忘初心、牢记使命，始终听党话跟党走，把知识与青春书写在中国大地上。"还有的同学说："暑假期间，我跟随'知行计划'前往江西赣州的乡镇实践，那里农业的现代化与农民的致富无不得益于党组织的坚强领导。一个乡镇、一座城市的发展如此，中国的发展亦如是。"通过交流，同学们更加坚定了"听党话、跟党走"的信念。

自"青年大学习：办好中国的事情，关键在党"上线以来，北大团员青年积极响应组织号召，纷纷自觉投入课程学习。参与学习的青年高达24604人次，位居北京市榜首。

同样的场景也出现在浙江湖州的上海航天局第806所湖州基地的会议室里。这里正在进行一场别开生面的"青年大学习"主题团日活动。这次

没有共产党,就没有新中国,就没有中华民族的伟大复兴。北大团委组织的"青年大学习"网上主题团课的主题是:办好中国的事情,关键在党。

活动的内容是党团知识微竞赛。

"中国共产党人的初心和使命是什么?""共青团该怎样增强政治敏锐性和政治鉴别力?"大家争先恐后地提问,抢答,交流,发言。

像北京大学教室和上海航天局第806所湖州基地的会议室里出现的这种学习场景,在全国其他地方也比较常见。校园教室、车间厂房、青年之家、部队营房,处处都是"青年大学习"的课堂。

随着学习的不断深入,"青年大学习"的形式也越来越丰富,包括理论中心组学习、专家授课、专题培训、学习讲堂、主题征文、线上答题等。仅2018年,各级团组织开展的各类学习教育活动就达230万场次,数亿人次参与。"青年大学习"网上主题团课还推出"短视频+互动问答"的形式,吸引了更多的年轻人参与,每周在线学习人数超过1000万。2007年,团中央启动实施了青年马克思主义者培养工程(简称"青马工程"),被纳入《中长期青年发展规划(2016—2025)》,成为"青年思想道德领域"加强青年理想信念教育"的重要措施之一。截至2020年，各级"青马工程"共培养近200万人，在推动马克思主义理论在青年中广泛传播、加强青年政治骨干培养的实践探索等方面取得了积极成效。

为了更好地传播党的声音，激发青年力量，各种形式的青年宣讲队伍也如雨后春笋般涌现：上海青年讲师团、北京青年榜样宣讲团、温州新时代新青年讲习团、云南火塘夜校……一大批来自各行各业的优秀宣讲员深入机关、工厂、校园，成为指引青年学习成长的良师益友。

"奋斗的青春最美丽""圆梦中国人""我和我的祖国"……一场场振奋人心的宣讲在青年人中广为传播。据不完全统计，全团累计开展集中宣讲活动32.8万余场次，上亿人次参与。

★红领巾宣讲团

在吉林省长春市活跃着一支由少先队员组成的红领巾宣讲团。别小看这些娃娃们，他们在长春市可是小有名气。社区、企业、学校、公园、商场，到处都留下了他们小小的身影。"习爷爷的故事""党、团、队知识""红色故事"……他们宣讲的内容，都是围绕着"青年大学习"展开的。他们小小的年纪又是怎样加入"青年大学习"这支队伍中的呢？

红领巾宣讲团的创始人王旭是吉林省社会科学院的一名副研究员。她不但自己参与"青年大学习"，而且还带着上小学的女儿一起观看"青年大学习"网络视频。在《永不褪色的红色记忆》中，6名女兵面对敌人酷刑坚贞不屈、英勇就义的故事深深地感染了她和女儿。不知不觉中，这种革命先烈的英雄事迹在她女儿的心里种下了一颗红色的种子。有一天，女儿问她能不能让更多的同学也参与到这个学习中来，这让王旭有了创办红领巾宣讲团的想法。很快,宣讲团吸引了越来越多的学生和家长加入。

如今,红领巾宣讲团成员由最初的几个人发展到了2000多人。宣讲团成立3年来,在总辅导员王旭的带领下,团员们走进社区、企业、农村、学校、展馆,进行红色宣讲活动300多场,即使在疫情防控期间,他们的宣讲也没有间断,利用网络在线上宣讲抗疫故事3000多个。

为了纪念中国共产党成立100周年,红领巾宣讲团依托网络电台,开设了"党史百年瞬间""红领巾歌颂党"等栏目,他们用童声讲述建党百年发展历程中一个个可歌可泣的故事。他们走进学校,为同学们献上自编自演的舞蹈、快板、情景剧和原创歌曲。一个个红色故事、一首首红色歌曲、一幕幕红色情景剧,激发了青少年爱党、爱国、爱社会主义的朴素情感,坚定了青少年听党话、感党恩、跟党走的信念。

红领巾宣讲团带动了更多的人参与到"青年大学习"中来。长春高校

红领巾宣讲团走进学校,带动了更多的人参与到"青年大学习"中来。

共青团新媒体联盟，汇集了140名有新媒体创编才能的大学生，他们利用抖音、微信、微博等新媒体平台发布原创"青年大学习"网络文化产品，累计吸引近100万人次关注和参与。"90后"何亚楠在新媒体平台上相继发布11期"青年大学习"系列视频，作品以弘扬主旋律、传播正能量为主，其中《别怕，我们的人已经来了》单个视频播放量达3305万，获赞量近232万。

党的十九届六中全会结束后不久，经过精心准备，红领巾宣讲团又出发了。这一次，他们走进小学课堂，宣讲的主题是：请党放心，强国有我——党的十九届六中全会精神解读。他们用贴近少年儿童的语言，通过形式多样的宣传，切实把少年儿童的思想和行动统一到中央全会精神上来。

★ 网络大课堂

当今时代，互联网几乎已经遍及人们生活的方方面面。如何利用网络，用青年人喜欢的方式和语言来讲述党的理论，是共青团工作面临的一个新问题。

2018年8月，一档名为"青年大学习"网上主题团课的专栏在团中央微信平台正式上线。没有刻板的说教，没有枯燥的理论灌输，栏目一上线立即引发了青年们的广泛关注和参与。团课采用青年喜爱的"短视频＋互动问答"形式，解读习近平新时代中国特色社会主义思想。栏目上线仅9个月，在线学习人数达3.12亿，课程浏览量超过7.58亿次，单期团课净学习人数超过了1000万。

从"网络直播"到"话题讨论"，从"打卡学习"小程序到"答题对战"H5，从"VR全景呈现"到"AR互动体验"，"青年大学习"网上主题活动异彩纷呈。邀请理论专家、青年榜样共话新时代的"团团直播间",在线观看量累计超过1.1亿人次;运用VR技术制作的《梁家河全景VR·带你走近青年习近平》,总点击量达6600多万人次,让青少年身临其境地感受习近平总书记在梁家河的知青岁月,能够更深刻地体会总书记对青年的关怀,从总书记的人生经历中汲取力量。

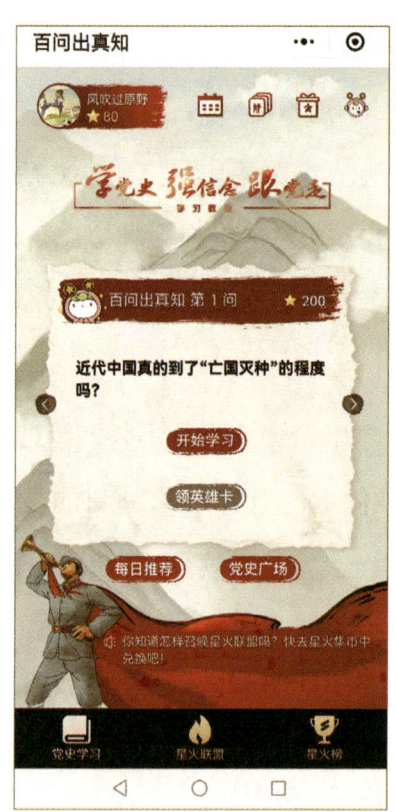

共青团中央打造的"百问出真知"党史学习小程序深受广大青少年欢迎,为他们学习党史提供了有益的帮助。图为小程序页面展示。

　　为纪念中国共产党成立100周年,共青团中央在团员青年中广泛开展了"学党史、强信念、跟党走"学习教育。其中,创新打造的"百问出真知"青少年党史学习小程序深受广大青少年的喜爱。小程序以"把红色基因传承好,确保红色江山永不变色"为出发点,旗帜鲜明地反对历史虚无主义,从党的历史中提炼出100个有"青年味"的问题,用青少年喜欢的语言风格组织答案,并延伸摄制100期问答短视频,通过思辨析疑来深化青少年对党史的认知和理解,强化理想信念。小程序还融入图文产品、互动游戏、实践挑战、红色电影歌曲等形式,增加理论专家领学、青年偶像伴读、自我养成等"彩蛋"功能,充分调动青少年学习党史的积极性。这种学习形式深受青少年欢迎，累计超过 3657 万人在线学习，点击率超过 1.2 亿次。

此外，一些极具"青年味""网络味"的"青年大学习"系列文化产品也吸引了青年人的目光，例如《跟总书记学》《旗帜》《入团第一课》《青年网络公开课》《共青团公开课》《青听》等，规模累计已达 300 余集，总网络浏览量达数十亿次。青年们在学习中深刻领悟了党的宝贵经验，坚定了理想信念，进一步明确了党赋予青年一代的使命与责任。

"青年大学习"提升了新时代青年的理论水平、思维层次，深化了思想基础，加快了知识更新步伐，优化了知识结构，拓展了眼界，为新时代进行伟大斗争，建设伟大工程，推进伟大事业，实现伟大梦想，赢得主动、赢得优势、赢得未来，奠定了深厚的基础。

"用科学的理论武装青年，用历史的眼光启示青年，用伟大的目标感召青年，用光明的未来激励青年。"这是习近平总书记对青少年和共青团工作的嘱托和期望。进入中国特色社会主义新时代的共青团，在习近平新时代中国特色社会主义思想的指引下，正阔步行进在实现第二个百年奋斗目标的新征程中。

☆ 3.带头践行社会主义核心价值观

人无正确价值观不立，国无核心价值观引领不强。实现"两个一百年"奋斗目标，必须有广泛的价值共识和共同的价值追求，用来凝聚起实现中华民族伟大复兴的中国力量。正是在这样的时代背景下，2012 年党的十八大明确提出社会主义核心价值观，倡导富强、民主、文明、和谐，倡导自

2014年4月27日上午,共青团中央有关领导和各行各业青年代表30余人共同参加了共青团中央举办的"青年好声音——我为核心价值观代言"新媒体传播活动。

由、平等、公正、法治,倡导爱国、敬业、诚信、友善。为引导广大青少年培育和践行社会主义核心价值观,帮助他们"扣好人生的第一粒扣子",团中央作出部署,在广大青少年中深入开展社会主义核心价值观宣传教育和实践活动。

★ "我为核心价值观代言"

2014年4月以来,一个"我为核心价值观代言"的话题在网上传播开来。截至当年9月中旬,已经有63万青少年参与,总阅读量超过2亿次。这就是共青团运用网络新媒体和时尚元素在青年群体中开展的"我为核心价值观代言"活动。

这场活动最初从微博上发起,逐渐覆盖到微信、网站、微视、秒拍等网络平台，形式也从最初的文字微博，逐渐发展为与自己亲手书写的代言体合影、用图片和短视频展示自己的价值观故事和感言、妙趣横生的漫画涂鸦等。

一时间，"价值观体"作为一个新的网络潮语，迅速在青年人中流行开来。广大青年以"我是……，爱国/敬业/诚信/友善就是……，我为核心价值观代言！"的格式，结合自身的经历和体会，写下对社会主义核心价值观的理解和感悟。

> 我是西部计划志愿者，现在，我比以往任何时候都更加清晰地懂得，友善，就是送人玫瑰的快乐和手有余香的温暖。我为核心价值观代言！

"我为核心价值观代言"活动开展以来，广大青年积极参与，结合自身的经历和体会，写下了对社会主义核心价值观的理解与感悟。图为青年代表参观网友写下的"价值观体"展示墙。

我是一名动车组机械师，敬业，就是坚持检修标准，'一点儿也不能差，差一点儿也不行'，对自己的岗位和乘客的生命负责。我为核心价值观代言！

我是在外留学的大学生，爱国，就是在每一个五星红旗飘扬的地方，骄傲地大声喊出我是中国人！我为核心价值观代言！

…………

不久，在@上海共青团的微博、微信、网站上，一则"全城海选核心价值观最美代言人"的公告，再次把"我为核心价值观代言"活动引向深入。公告这样写道："平凡如你我，一定也是正能量的微灯。来吧，为核心价值观代言，让我们放大你的光彩，温暖更多人，也照亮前行的道路。精选优质全民偶像，最美代言人，也许就是你！"

为了让更多的青年人参与到活动中来，由团中央统一部署，全国各地、各战线团组织邀请了"中国青年五四奖章"获得者、"最美少年"、优秀共青团员、优秀少先队员、优秀青年志愿者、青联委员等近万名青年典型参加代言活动。在这些青年典型的引领下，各行各业的青年人踊跃参选核心价值观"最美代言人"。

参与活动的青年人大多来自平凡的岗位，他们讲述的故事也并不轰轰烈烈，却可亲、可信、可学。通过这些活动，核心价值观在人们心目中也不再是一个抽象的概念，而变成了可感知、可奉行的日常生活实践。正如青年人自己所说："核心价值观，我觉得并不是一个很空泛的东西，在日常生活中很容易去践行，你可以认真地从每一件小事做起。"

★生动有趣的"核心价值观"课

青少年的价值取向,决定了未来整个社会的价值取向,更影响着中华民族伟大复兴的中国梦的实现。让核心价值观进教材、进课堂,以青少年喜欢、听得懂的方式去讲解,才能真正让社会主义核心价值观入脑入心。

"自由、平等、公正……"这些抽象的概念小学生能听得懂吗?不但能,而且听得兴趣盎然。在宁波滨海国际合作学校六年级的教室里,同学们正在津津有味地听李庆明校长给他们讲解。这节课,李校长讲的是"平等"。

蝴蝶和大象的体重不一样,但生命的分量是一样的。通过这样一幅饶有趣味的画,李庆明校长给孩子们讲解"平等"这一理念。

一开始,李校长给学生们展示了一幅画:跷跷板的两头分别是一只蝴蝶和一头大象,跷跷板却是平衡的。"一只蝴蝶和一头大象为什么会保持平衡呢?"有趣的开场白一下子让课堂气氛活跃起来,同学们一个个脑洞大开。一名同学抢先回答:"虽然蝴蝶和大象的体重不一样,但它们生命的分量是一样的。"他的回答引来同学们的一阵掌声,李校长也竖起大拇指:"你回答得真棒!因为蝴蝶和大象在'人格'上是平等的。"就这样,一堂"平等"课让核心价值观走进了同学们的心中。

没有板起面孔的说教，没有枯燥的抽象概念，同学们从李校长展现的一幅幅画中领悟到什么是平等，怎样争取平等。

李校长还通过讲述彭德怀元帅的故事来告诉同学们什么是人格的平等。彭德怀在担任副总理时，有一次到北海公园游览，发现游人很少，就问工作人员原因。工作人员回答说："知道您要来，我们挂出了'休息'牌子。"彭德怀听后生气地说："这种规矩以后在我们共产党领导的国家绝对不能有！"讲完这个故事，李校长总结说："这就是人格的平等，因为平等，所以我们要相互尊重。"

除了平等，李校长还给同学们讲了"自由""民主""文明"等，每一堂课都生动有趣。这种饶有趣味的讲解，让同学们觉得核心价值观不再是看不见摸不着的概念，而是每时每刻都发生在他们身边的具体实践。

不知不觉中，同学们身上发生着改变：过去，老师上课提问，当同学回答错误时，其他同学都会哄堂大笑，现在没有了，他们说，这是对同学人格的不尊重。过去，调皮的学生干扰其他同学做作业，现在没有了，他们明白，自己的行为不文明，不但是对其他同学的不尊重，也是对自己的不尊重。还有很多学生家长欣慰地对老师说，孩子放学回家后知道帮忙做家务了。这一切可喜的变化都是因为"核心价值观"课对他们的影响。

李校长的"核心价值观"课是全国核心价值观进校园的一个缩影。

广西南宁三中把核心价值观教育与历史课紧密结合，让学生通过学习中国近代史，感受中华民族争取独立、民主、富强的艰难历程。正如一名同学所说："辛亥革命是中国人民追求民主、国家富强和民族独立的斗争史，我在学习这段历史的过程中感受到了建设富强、民主、文明、和谐的社会主义现代化国家的重要性。这种正能量引领我更好地去奋斗。"

陕西延安宝塔区北关小学，通过开展为特困家庭学生、留守儿童捐赠衣物和图书等献爱心活动，以及清扫垃圾等服务活动，让同学们真切地感受到，核心价值观就是日常生活中自己可以做到的一件件平凡的小事。

延安育才小学推出了丰富多彩的"红色文化进校园"活动。学校组织"小小讲解员"走进红色景区，让孩子们宣讲延安故事、延安精神，从中加深对核心价值观的理解。同学们排练的大型历史情景剧《延安岁月》，参加了中央电视台少儿频道"核心价值观唱响在延安"文艺演出。

深圳宝安区弘雅小学把核心价值观教育与文化课、道德教育相结合，开展了"戏曲进校园"活动。《岳母刺字》《穆桂英挂帅》等经典曲目中主要人物的爱国表现，给同学们留下了深刻的印象，戏曲中表现出来的中华传统美德在孩子们心中生根发芽，让他们在感受中华优秀传统文化的同时，也对"爱国"有了更深层次的理解和领会。

形式多样、各具特色的核心价值观教育，在全国各个学校如雨后春笋般蓬勃开展，引领了社会新风尚。

★ 争做向上向善好青年

2014年10月，共青团中央发出通知，部署在全国团员青年中广泛开展"践行核心价值观，争做向上向善好青年"主题活动，以引导团员青年从我做起，从身边做起，争做社会主义核心价值观的倡导者、实践者。

活动启动后，得到社会公众和各级团组织的积极响应，自下而上层层推选产生了363名"全国向上向善好青年"候选人，并在人民网、中国青年网、中青在线等网络平台展示典型事迹，接受公众投票，参与投票者达4200万人次。在此基础上，经过事迹审核、评审委员会专家投票等程序，

"全国最美孝心少年"赵文龙以强大的正能量唤起全社会践行社会主义核心价值观的自觉和共识。图为赵文龙在接受访谈。

最终评选出爱岗敬业、创业创优、诚实守信、崇义友善、孝老爱亲等5类共计100名"全国向上向善好青年"。

道德模范公益微电影《在一起》曾让无数师生潸然泪下。这是包头市首次用专业的微电影形式还原百姓故事、传播道德模范的先进事迹。影片的主人公赵文龙曾获得2013年"全国最美孝心少年",包头市孝老爱亲模范、美德少年等荣誉。

因父母离异,赵文龙从6岁开始,就独自承担起照顾患有脊椎裂和尿毒症母亲的责任。他每天不到6点起床,做饭,打扫房间,帮妈妈按摩,然后去上学。放学后还要陪着妈妈去医院透析。有一次,赵文龙所在的球队要打比赛,赵文龙因为没钱买球衣,准备放弃比赛。住院的妈妈知道后,趁文龙不在,强撑着身体出去为儿子买球衣。文龙焦急地到处寻找妈妈,最后在当地电台和爱心车队的帮助下找到了妈妈。他哭着抱着妈妈说:"妈妈,你一定要好好活着,只要你陪着我,再苦的日子都是甜的!"

尽管生活很艰难,但在赵文龙的眼里却看不到一丝丝的苦,同学们眼中的赵文龙活泼开朗,勤奋,乐于助人。在平时的班级生活中,赵文龙总是抢在前面，事事争着干，而且主动帮助同学克服学习上的困难。老师和同学们都能感受到他身上有着满满的正能量。2016年，赵文龙被团中央评为"全国向上向善好青年"。

为了引导更多的青年见贤思齐、崇德向善，团中央组织了"全国向上向善好青年"分享团活动，组织优秀青年典型深入学校、社区、工厂、部队，让青春正能量在更大的群体中传播。

在他们的分享中，我们知道了扎根高原、把青春奉献给雪域边关的祁发宝；知道了在战乱、动荡地区驻守1200天，始终没有退缩，一直坚持从最前线发回中国声音的《人民日报》社记者焦翔；知道了赡养孤寡老人16载，无论遇到什么困难，从没想过放弃的王东；还知道了不断探索学雷锋新模式，创办雷锋微博、数字化礼包和善淘箱"新三宝"的"雷锋班"班长毕万昌……

"雷锋班"班长毕万昌始终以雷锋为榜样，努力当好雷锋精神的"种子"，把雷锋精神广播到祖国大地上。

在2021年"全国向上向善好青年"评选中，团中央共收到来自全国各地、各行各业2.1万余名青年的推荐、自荐申请。经过集中审核和筛选，552名事迹突出者被确定为候选人，参加了故事分享和网络点赞活动。青年参与学习、分享和点赞量达到1643.4万次。蔡雪等116名优秀青年和"山鹰"教练机青年技术保障团队等25个青年集体获此荣誉。"向上向善好青年"已经成为新时代奋发向上、崇德向善的代名词。

共青团在新时代发起的社会主义核心价值观宣传教育和实践活动，成为引领新时代中国青年价值追求的一面旗帜，在中华大地彰显着文明向上的魅力与风采，培育出一代自信自强的新时代青年，也推动着时代和社会的进步。

4. 青春在抗疫中绽放

前进道路上不可避免地会遇到风险和挑战。2020年，一场突如其来的新冠肺炎疫情让整个天空变得灰暗。在武汉这座上千万人口的大城市按下"暂停键"的同时，一群"80后""90后""00后"却按下了"快进键"。这些在父母眼里还是孩子的年轻人披上战袍，一头扎进了新冠肺炎疫情防控战役中。在党中央的号召下，千千万万名团员青年在没有硝烟的战场上书写了人生的华美乐章。

★团旗随党旗飘扬在抗疫前线

新冠肺炎疫情发生后，以习近平同志为核心的党中央立即作出部署，同时向工会、共青团、妇联等人民团体发出号召，"要组织动员所联系群众积极投身疫情防控"。

党有号召，团有行动。2020年1月25日，在中央政治局常委会召开

青年团员积极响应党中央号召,勇当先锋,投身到疫情防控阻击战中,彰显了榜样的力量。

会议后,团中央于当天下午即发出《关于立即行动起来投身新型冠状病毒感染肺炎疫情防控工作的通知》,要求各级团组织切实做好组织准备和工作准备。随后又向全团下发了《关于坚持党的领导,全团动员,在防控疫情阻击战中充分发挥共青团生力军和突击队作用的通知》,要求听从党的号令,实施全团动员,充分发挥团员和基层团组织作用,全力支援疫情防控一线斗争,广泛发动群众力量,并作出具体部署。

不久,团中央又下发文件,号召返乡大学生团员到社区(村)报到,要求各级团组织和团员青年为坚决打赢疫情防控阻击战挺身而出、冲锋在前。同时,团中央还发起"同舟共济,青春偕进"关爱帮扶受新冠肺炎疫情直接影响的青少年特别行动,为青少年提供全面帮助。

团中央的动员令一发,各级团组织迅速响应。北京、河北、吉林、黑龙江、

中建三局牵头组建青年突击队，投入到武汉火神山、雷神山医院建设中去，奋战10余个昼夜，高质量完成了面积近11.4万平方米、病床2600张的"两山医院"项目。

上海、浙江、安徽、河南、湖北、山东、贵州、云南、西藏、新疆……各地团委主动向同级党委和疫情防控指挥机构报到，争取任务，划拨专项团费，广泛招募青年志愿者，组织青年突击队。解放军、全国铁道、全国民航、中央和国家机关、中央金融、中央企业等系统团委积极组织物资生产、捐款捐物、志愿服务，动员团员青年冲在防疫第一线。

据不完全统计，疫情发生后，全团共组建5.2万余支青年突击队，111.8万余名团员青年勇当先锋；各省（区、市）团委总共预招募志愿者170.4万人，上岗志愿者137.1万人；全国近70万名返乡大学生团员就近就便向社区（村）报到，投入到城乡联防联控工作中来。

★ "我年轻，让我去"

10天能建成一所医院？听起来像天方夜谭，可它的确真实地呈现在了我们眼前。2020年1月30日下午，全国数千万"云监工"见证了这一中国速度：一座可容纳1000张病床的武汉火神山医院拔地而起。可你知道，在武汉，两座"小汤山"项目指挥部参建单位超过60%的都是年轻人。

1月25日，中建三局牵头组建火神山医院项目建设指挥部，322名从全国各地返回武汉的青年员工主动请战，组成6支青年突击队。两天后，中建三局又牵头组建雷神山项目建设指挥部，由281名团员青年组成了7支青年突击队。青年突击队制作"小时制"作战地图，搭建工程"大数据"，采取24小时轮班作业。

无数网民能够成为"云监工"，见证这一中国速度，应当感谢来自通信行业的青年突击队。这些年轻人仅用不到3天的时间就在火神山医院开通3个5G站点，半天时间开通雷神山医院指挥部专线，4个小时完成设备调配、网络架设、视频测试，为疫情防控连上了"神经系统"。

"我报名""我年轻，让我去"……一支支青年突击队汇聚成疫情防控的尖刀利刃。

为防控疫情，一支支青年突击队火速集结，冲锋在抗疫前线，用行动谱写了一首首青春之歌。

在辽宁援助武汉抗击疫情的青年突击队中,有一对"90后"双胞胎姐妹花。她们是葫芦岛市中心医院呼吸心内科27岁的护士孙晓晶和神经外科ICU护士孙晓莹。医院党委发出支援湖北的动员令后,姐妹俩一起报了名。由于专业原因,在神经外科ICU工作的妹妹孙晓莹,作为首批辽宁医疗队成员飞赴武汉。十几天后,姐姐也获准出征。

"妹妹,明天早上我就出发了,能和你共同抗击疫情真高兴。"出发前一天,孙晓晶给妹妹发信息。"姐姐,武汉见!"妹妹孙晓莹回复。在武汉,姐妹俩并肩作战。

先期到达武汉的孙晓莹每天和队友要护理14名重症病人。护理中潜伏着许多危险。为患者吸痰时,会面临气道开放造成飞沫感染;处理病人粪便时,如果没有做好消毒,也会发生接触传播……但她从没有惧怕,每当看到病人转危为安,她觉得这一切的付出都是值得的。

大年初一,江苏无锡9家三级医院的医护人员组建疫情防控青年突击队,他们是无锡首批支援武汉的医疗队。28名成员,平均年龄33岁,其中"90后"有13人,最年轻的只有21岁。

团旗插在前沿,团员挺在一线。28岁的山西运城闻喜县正阳彩钢公司青年刘英杰,在得知火神山医院建设任务紧急的消息后,立即联系公司其他7名青年员工,组建了正阳彩钢青年突击队。"作为党员,抗击疫情,使命必达。"他在微信朋友圈发出这样一条消息后,带着这支平均年龄30岁的队伍向武汉出发了。

当得知武汉火神山医院建设急需大量熟练的电焊工和钢结构工时,"中铁十一局梧桐苑三期项目部"27名骨干立即组成青年突击队,带上20多台电焊机具火速驰援。全体突击队队员争分夺秒,两天一夜连轴转,圆满完成了施工任务。

除了一支支奔赴武汉的青年突击队外,在各地疫情防控一线,哪里有急、难、险、重的任务,哪里就有青年突击队的身影。在这场新冠肺炎疫情防控战中,他们用自己的行动谱写了一首首青春逆行曲。

★ **无私奉献的志愿者**

在全国上下疫情防控阻击战中,有这样一群青年人,他们没有固定的岗位,哪里需要他们就出现在哪里。他们的称谓多种多样,"守门员""协管员""快递员""炊事员""疏导员"等,但他们都有一个共同的名字——青年志愿者。

一名大学生志愿者说:"穿上红马甲的那一刻,我特别激动。我做的都是小事,只是全国疫情防控的一个小小螺丝钉,千千万万螺丝钉会筑成

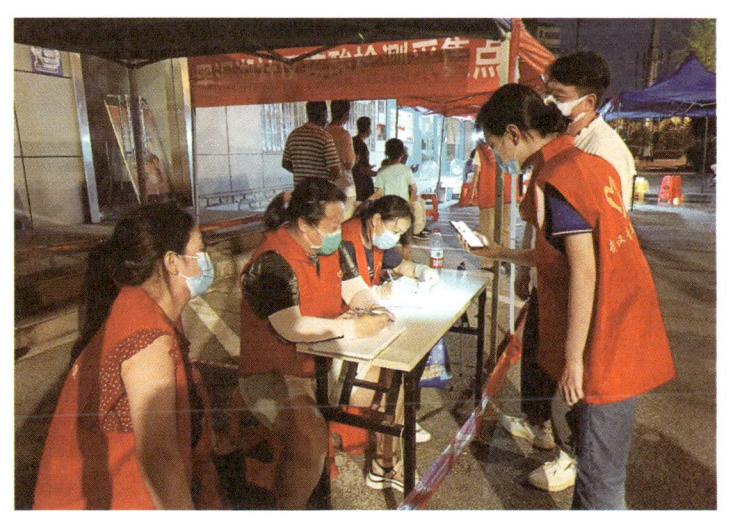

闻令即动,青年志愿者抗击疫情冲锋在前,成为疫情防控的一股青春力量。

一道坚实的城墙。只要我们坚定信心共同努力，就一定能战胜疫情。"

正是这一个个小小的螺丝钉，筑起了疫情防控的坚固长城。

他们出现在社区村镇。疫情排查、快递跑腿、防疫宣传……到处都有他们忙碌的身影。在天津市武清区白古屯镇富村，就有一支由大学生组成的疫情防控志愿服务队，他们义务执勤、走访摸排、入户宣传，成为疫情防控的一线"守门员"。村干部感动地说："我们村一共有6名大学生志愿者，他们在得知村内招募志愿者的第一时间就报了名。暑假以来，他们协助村'两委'做好返乡人员信息排查、疫苗接种情况底数摸排、入户宣传疫情防控知识……我以为这么辛苦，他们就三分钟热度，没想到他们能始终坚持。我在他们身上看到了青年人的责任与担当，给孩子们点赞！"

他们出现在服务一线。在人流密集、防疫任务繁重的车站、机场、码头、公路等地，志愿者们提供交通引导、人员登记、体温检测等服务。在河南，4500余名身穿红色马甲的青年志愿者，在各个交通卡点进行环境消杀、秩序维护、旅客信息登记等服务工作。

他们出现在物资运输的车流中。疫情期间，城市运力大幅下降，很多志愿者的私家车成了免费的"滴滴"，把医疗物资、生活用品送到医院和居民手中。在宁夏银川，青年志愿者组织了雷锋车队，60辆出租车与私家车承担起接送医护人员和志愿者上岗、义务帮助社区配送防疫物资的重任。

快递小哥汪勇是众多志愿者中的一员。

在得知武汉金银潭医院有医护人员求助，希望有人能开车将他们送回家时，汪勇二话不说，大年初一就当起了金银潭医院医护人员的"专职司机"，住进了仓库。这一住就是1个月。一个人的力量毕竟有限，为了解决更多医护人员的出行问题，他组建了一支二三十人的车队。看到医护人员缺少无袖羽绒服,他自筹10万元采购;看到医院缺鞋套,他连夜开车到鄂州运回2000双防护鞋套……

当"最美快递员""中国青年五四奖章""全国抗击新冠肺炎疫情先进个人""感动中国2020年度人物"等诸多荣誉向他走来的时候,汪勇却说:"我就是一个普通的快递小哥,在疫情期间站了出来,做了该做的事,党和政府、全社会给了我太多的荣誉,对我是莫大的鞭策;我除了干好自己的本职工作,还要为社会多作贡献,把志愿服务的旗帜坚定地扛下去。"

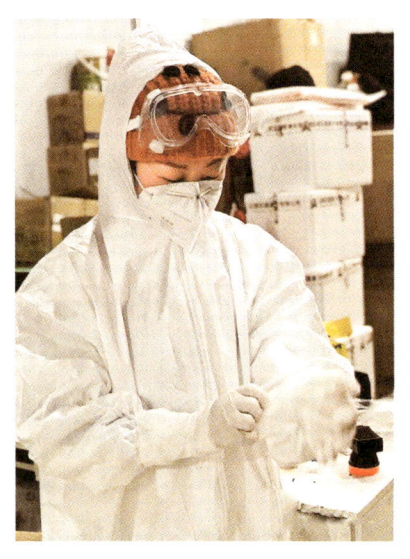

四川"雨衣妹妹"刘仙在武汉疫情防控中冲锋在前,舍生忘死,为青年人树立了榜样,荣获第25届"中国青年五四奖章"。

"你们负责救人,我们负责为你们做饭!"她是来自四川的"90后"女孩刘仙。

疫情发生后,刘仙得知武汉抗疫的医务人员物资短缺、饮食得不到保障时,即刻带上厨师、食材从成都出发,"逆行"14个小时到达武汉,加入志愿者行列,为奋战在一线的医护人员提供免费盒饭。每天400至600份盒饭,她连续送了40多天。刚开始,由于没有防护服,她就穿着雨衣开着车挨个医院送餐,被医护人员亲切地称为"雨衣妹妹"。有人问她怕不怕。她说,当然怕,来之前甚至写好了遗书,但自己一定会坚持到疫情结束,战斗到最后一刻。

这些志愿者，都是平凡的青年，他们所做的也都是一些平凡的事情，但正是因为有无数个像他们一样平凡的人，做了无数平凡的事情，才汇聚起了"奉献、友爱、互助、进步"的强大力量。

★抗击疫情的"逆行者"

在新冠肺炎疫情防控斗争中，你们青年人同在一线英勇奋战的广大疫情防控人员一道，不畏艰险、冲锋在前、舍生忘死，彰显了青春的蓬勃力量，交出了合格答卷。

这是2020年3月15日，习近平总书记给北京大学援鄂医疗队全体"90后"党员的回信中的一段话。总书记的肯定和谆谆嘱托，更加激励了北大援鄂医疗队以及在抗疫斗争中勇挑重担的广大青年。

新冠疫情发生后，北京大学第一时间行动起来，先后组建4批共计428人的援鄂医疗队火速驰援武汉。在这支医疗队中，35岁以下的青年占了相当大的比重。他们中有推迟婚礼的准新郎，有刚当上父亲的青年医生，还有刚刚给孩子断奶的年轻母亲。一声令下，他们迅速集结，义无反顾地奔向极度危险的疫情中心。

9月25日，"青春在战疫中绽放"全国巡回宣讲团抵达浙江杭州，7名受到总书记表彰的青年抗疫战士走进杭州师范大学仓前校区，分享战疫故事。通过他们的分享，我们了解到更多关于勇敢逆行、抗击疫情的青春故事。

"哪里有什么白衣天使，不过是一群孩子换了一身衣服。"在4.2万

"青年抗疫战士"全国巡回宣讲团走进杭州，讲述战疫中绽放的青春故事。

多名驰援湖北的医护人员中，有1.2万多名是"90后"，其中相当一部分还是"95后"甚至"00后"。

吴超是北京大学援鄂医疗队中的一员，也是给总书记写信的执笔人之一。在危重症病房隔离区，经历过气管插管、有创无创呼吸机调整、动脉穿刺、中心静脉穿刺、俯卧位通气、休克抢救等一系列训练后，吴超的工作越来越顺手。在紧张而忙碌的工作中，不知多少次，他和他的同事们不断地把患者从死亡线上拉回来。

在湖北，吴超和年轻的队友们根据新冠肺炎的特点，创新性地设计了标准化问诊表格，保证信息采集的简便、完整和准确。同时，根据疾病特点和治疗中的关键点，制订了标准化交接班工作规范，使每名医师都能迅速掌握病情。作为第一批"90后"援鄂医疗队成员，吴超在接受采访时说："随着'90后'的逐渐成长，随着中国的不断强大，我们也在逐渐地成长，逐渐地强大。不管是这次抗疫的胜利，还是中华民族的伟大复兴，'90后'会起到一个非常重要的作用。"

"这份工作能守护一座城。""只要有需要，我随时可以进入P3实验室核心区。"这是中国疾控中心病毒所副研究员黄保英的承诺。

春节期间，黄保英告别年近古稀且刚做完手术的父亲，义无反顾请战进入P3核心区。为了尽快抓到"元凶"，她和她的团队吃住在单位，每个人就像陀螺一样不停地转动。3个小时完成了首批病例样本的病毒检测，24个小时完成了病毒全基因组序列测定，72个小时研发出了高灵敏度和特异性的诊断试剂。仅用5天时间，又成功分离出全国首株新冠病毒，更以最快的速度完成了全国31个省市自治区首例病例的确诊，为疫情研判提供了关键的科学依据。

"我们不能哭，因为护目镜不能花。"这句感动无数人的话，让全国人民记住了广东省支援湖北医疗队队员、中山大学附属第三医院内科ICU护士朱海秀。作为团队里最小的"逆行者"，彰显了"95后"青年的勇敢与担当。

当除夕夜跨年的钟声敲响时，孙青和战友已抵达武汉。全员培训、彻

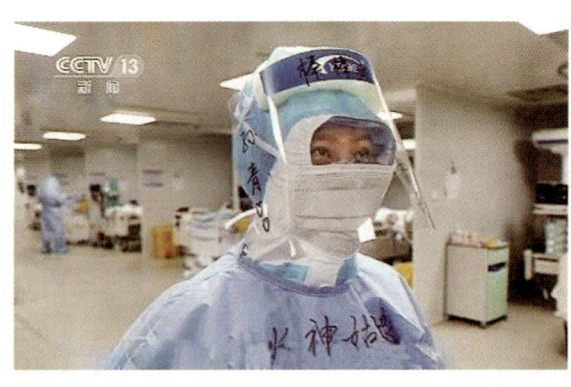

火神山医院重症医学一科护士孙青在抗疫战斗中彰显了青年的勇敢与担当，也在战疫中淬炼成长。

夜备战，短短两天，医疗队全面接管汉口医院重症监护室。在汉口医院的7天8夜，孙青和战友们每天工作14个小时以上。2月2日，医疗队转战被称为"长江边上的上甘岭"的火神山医院。为了方便穿防护服，孙青和其他女战友剪短了漂亮的长发；为了不上厕所，医护人员坚持不喝水不进食，全程穿尿不湿。

"世上没有从天而降的英雄，只有挺身而出的凡人。"习近平总书记对于抗疫青年的勉励与鼓舞，有力地诠释了新时代英雄的深厚内涵。这次突如其来的严重疫情是一次严峻考验，广大团员青年与全国人民一起，在以习近平同志为核心的党中央的坚强领导下，经受住了考验，取得了伟大胜利。在抗疫战斗中，无数青年以实际行动证明了新时代的中国青年是好样的，是堪当大任的！

5.脱贫攻坚当先锋

党的十八大以来，以习近平同志为核心的党中央把脱贫攻坚作为全面建成小康社会、实现第一个百年奋斗目标的底线任务和标志性指标，并作出一系列重大决策部署。号角已经吹响，新时代中国青年奋勇当先，冲锋在脱贫攻坚第一线，用青春与热血助力打赢脱贫攻坚战。

★吹响打赢脱贫攻坚战的青春号角

"小康路上一个都不能掉队！""新年之际，我最牵挂的还是困难群众，他们吃得怎么样、住得怎么样，能不能过好新年、过好春节。""全党全社会要继续关心和帮助贫困人口和有困难的群众,让改革发展成果惠及更多群众,让人民生活更加幸福美满。"习近平总书记2017年的新春寄语,充满着对困难群众的关心与牵挂。

在党中央号召下,2018年,团中央印发了《共青团投身打赢脱贫攻坚战三年行动的意见》,以脱贫攻坚青春建功行动为统领,实施共青团投身打赢脱贫攻坚战三年行动,形成"全团一盘棋"的大扶贫格局。

围绕贫困地区青年在学业、就业、创业方面的困难和需要,团中央设定了学业资助、就业援助、创业扶助"三个10万"的硬任务:在学业资助上,为帮扶贫困学生完成学业,设立3000万元"精准扶贫专项基金"和1亿元学业资助"10万+"专项基金;在就业援助上,通过开发就业岗位、提供就业服务,帮助建档立卡贫困家庭大中专毕业生就业;在创业扶助上,设立1亿元创业扶助专项基金,搭建青年创业服务云平台,提供创业培训、结对指导、市场对接等服务。

团中央还启动实施了"志智双扶项目",鼓励引导贫困地区青年敢于有梦,勇于追梦,勤于圆梦。为帮助贫困地区青年提升技能、增长才干,

深入贯彻落实习近平总书记对希望工程重要寄语精神,推动希望工程转型升级,2020年6月,山东共青团启动"希望小屋"儿童关爱项目,累计募资超2.1亿元,为超过1.5万名困境儿童点亮希望之光。

大力开展了农村青年人才培养项目，其中包括创业致富"领头雁"培养计划、就业创业培训、输送金融人才下乡，等等。

同时，团中央发挥新媒体优势，开通网络直播，通过介绍当地人文历史、自然环境、脱贫成效、产业发展等内容，帮助推广县域旅游、开展消费扶贫。

围绕东西扶贫、文化扶贫、志愿扶贫、公益扶贫等多种模式，团中央积极动员社会力量参与脱贫攻坚。其中包括：组织23个省级团委和36个副省级、地市级团委建立结对帮扶关系，2018年共实施帮扶项目251个，落实帮扶资金2.58亿元，直接服务71183名贫困地区青少年；依托大学生志愿服务西部计划和中国青年志愿者扶贫接力计划研究生支教团项目，2018年向623个国家级贫困县派遣11094名青年志愿者；深化教育扶贫，2018年在贫困地区立项希望小学75所，涉及资金4394万元；组织开展"三下乡"社会实践活动，2018年836万名大中专学生、11.5万支团队参与，为贫困地区提供科技支农、医疗服务、文艺演出、创业就业、教育关爱、环境保护等服务。

脱贫攻坚的号角吹响了，广大青年在农村这片广袤的土地上，以奋斗的姿态、昂扬的斗志谱写了打赢脱贫攻坚战的青春篇章。

★ 大山里来了扶贫工作队

山西省灵丘县平型关，1937年，八路军115师主力在这里取得了全民族抗战爆发后对日作战的第一个重大胜利，史称"平型关大捷"。党的十八大后，团中央在这里发动了"脱贫攻坚战役"的总攻。

团中央全员参与灵丘、石楼两县脱贫攻坚，直属机关32个党支部与31个贫困村党支部结对合力攻坚，并选派35名优秀干部驻扎一线扶贫。

共青团中央倾情帮扶山西灵丘21年,通过组建工作队、选派干部等方式进行定点扶贫,并组织团员青年开展形式多样的宣传活动。

位于黄河东岸的吕梁山,由于自然条件恶劣,发展受到制约,成了中国14个集中连片特困地区之一,而吕梁山西麓的石楼县,又是吕梁山中的"困中之困"。全县12万人生活在山区5700道大大小小的山沟里,耕地极少,2014年建档立卡贫困人口17641户52954人,连续数年财政收入仅为5000万元。

就是在这样的条件下,团中央打了一场脱贫攻坚的硬仗。

不少人都知道山西石楼出了个返乡创业青年张云和他创立的"一碗粥道"品牌。在北京举办的第四届国际创新创业博览会上,张云团队的扶贫产品因物美价廉受到不少消费者青睐,成功签约了4000万元订单,从而带动两个村集体和200余名贫困户增收。这成功的背后,离不开团中央扶贫工作队的帮助。

2018年11月,到岗仅三个月的团中央扶贫工作队找到创业受挫的张云,在经过充分调研论证后,决定立足于本地红枣、小米等资源,共建产业脱贫新项目。不久,山西青创农业科技有限公司成立,推出了"一碗粥道"品牌。扶贫队还在资金、宣传、电商、技术、包装、培训等方面给予大力扶持,总投资达700余万元。"公司+合作社+村集体+农户"的基本运营模式,打通了与贫困户、村集体之间的收益渠道。这一创业项目生产的产品,被评为"吕梁市十大名特优功能产品",项目成为全市明星企业和扶贫产业优质项目。

像这样的帮扶项目还有"90后"陈涛的"石楼微商城"、小米品牌"泊河情"等。授之以鱼,不如授之以渔。团中央扶持返乡青年创业,就是教

在团中央驻石楼县扶贫工作队的扶持和指导下,"80后"青年张云创立了"一碗粥道"品牌,通过多元化运营模式,带动贫困群众增收。图为张云接受媒体采访团的访问。

新兴领域青年前往灵丘县众创空间开展文化创意培训和交流分享活动,拓宽了孩子们的视野。

会了他们捕鱼的本领,激活了他们的造血功能。

团中央扶贫工作队还把工作重点聚焦于青少年群体。

在灵丘、石楼两县易地移民搬迁社区里,有一处特殊的"课堂"——"四点半课堂"。

每天放学后,社区里的孩子们都自行来到这里活动。由于易地扶贫搬迁,石楼县860户家庭走出小山村、住进楼房,成为"龙山水岸"社区的新市民。在这些家庭中,有120多名小学生的父母务农务工,每到下午放学,有的进不去家门;有的是留守儿童,常年和祖辈生活在一起。为了安排好这些孩子的学习生活,解除家长的后顾之忧,工作队和当地团组织一起,在搬迁社区楼层间开设了"四点半课堂"。每天开课,至少有30多个孩子来这里学习。

工作队还在灵丘、石楼两县建成了"青年之家"。

"青年之家"有 VR 教室和"创新部落"教室,开设与小学、初中、高中教学相衔接的 200 余门 VR 课程,涵盖科技、物理、生物、地理等。依托"青年之家"开展的 VR 团课、3D 打印等活动,帮助当地青少年了解科技文明,为山区孩子们打开了一扇通往外面世界的窗户。

此外,工作队还举办"中华诗词大会""追寻红色足迹放飞青春梦想""红领巾讲解员"等活动,增强青少年对中华传统文化的热爱,传承红色基因;探索运行"青年党支部",大力开展推优入党,为乡村治理储备青年人才。

据了解,定点扶贫期间,团中央扶贫工作队累计安排资助款 4000 余万元,直接资助建档立卡贫困家庭、受疫情影响家庭子女 9000 余名;通过教学和生活用房建设、校园操场建设、水冲厕所改造等,支持两县建设希望小学 15 所;采取支教扶贫、教学设备捐赠、教师培训等方式,为两县上万名学生提供线上教学设备、学习课程。

功夫不负有心人。截至 2020 年底,灵丘、石楼两县累计退出贫困村 237 个,减少建档立卡贫困户 102812 人,如期完成脱贫任务。

曾经深度贫困的黄土地,如今焕发出了勃勃生机。

★ 绽放在扶贫路上的青春之花

时代造就英雄,伟大来自平凡。黄文秀就是这样一个平凡却伟大的时代英雄。

2018 年 3 月 26 日,黄文秀响应组织的号召,来到百色市乐业县新化镇百坭村担任驻村第一书记。

贫困户黄邦旋不会忘记。他想申请低保,因为不符合纳入低保的条件,未能如愿,就不给上门工作的黄文秀开门。一次不行,就两次、三次上门,

以黄文秀为人物原型拍摄的影片《秀美人生》，讲述了黄文秀在脱贫攻坚第一线全情投入、奉献自我，谱写新时代青春之歌的动人故事。图为电影剧照。

黄文秀打起了"亲情牌"："我也姓黄，我叫你哥吧。哥这么聪明、勤快，一定能奔小康。"黄文秀还耐心地做黄邦旋的思想工作：国家扶贫政策多得很，何必就盯着低保政策？靠低保只能解决基本生活问题，要脱贫还得加油干，不等不靠自己干出来才光荣。讲通了道理，黄邦旋脸上有了笑容。黄文秀帮助他争取到7000元产业奖补资金种果树，老黄一家顺利脱贫。后来，他们一直以兄妹相称。

53岁的贫困户韦乃情不会忘记。为了帮助他脱贫，黄文秀往他家里跑了12次，细心了解实际困难，分析贫困原因，商量对策，帮他申请扶贫贴息贷款种植了20亩油茶树，2018年顺利实现脱贫。韦乃情说："她一心一意帮我，像我女儿一样！"

贫困户黄美线不会忘记。由于丈夫因病去世，家里经济状况很不好，黄文秀帮助她家申请到 5 万元贷款，买了榨油机，做起了小型农产品加工，还开了一家小卖部，每月收入超过 2000 元。"她帮我们家那么多事，没吃过我们家一顿饭。"黄美线说。

贫困户黄仕京曾问过黄文秀："大家都说你是北京毕业的研究生，你为什么到我们这么偏远的农村工作？"黄文秀说："百色是脱贫的主战场，我有什么理由不来呢？我们党是切实为群众谋发展谋幸福的党，我是一名共产党员，这就是我的使命。"黄仕京的一儿一女都在读大学，生活困难，黄文秀帮他的孩子申请了助学的"雨露计划"补助金。

为了解决山里产业短缺的问题，黄文秀带领村干部和群众学经验、找路子，立足于当地资源，大力发展杉木、砂糖橘、八角、枇杷种植等特色产业，请技术专家现场指导，挨家挨户宣传发动，鼓励党员带头示范。

黄文秀不仅帮助百坭村 103 户贫困户顺利脱贫 88 户，实现了贫困户户户有致富门路，村集体经济项目收入翻倍，还协调完成了 1.5 公里的道路硬化，新建蓄水池 4 座，完成了两个屯 47 盏路灯的亮化工作。

2019 年 6 月 17 日凌晨，黄文秀因公殉职。习近平总书记专门作出指示，指出：黄文秀用美好青春诠释了共产党人的初心使命，谱写了新时代的青春之歌。广大党员干部和青年同志要以黄文秀同志为榜样，不忘初心，牢记使命，勇于担当，甘于奉献，在新时代的长征路上作出新的更大贡献。7月，共青团中央、全国青联追授黄文秀"中国青年五四奖章"荣誉称号。

黄文秀用年轻的生命践行了要帮助贫苦群众脱贫的理想抱负，为家乡的扶贫事业奉献了自己的一切，诠释了新时代青年的担当和作为，诠释了青春人生的价值和追求，诠释了奋斗追梦的真谛和意义。她虽然走了，但她的精神将永恒，为新时代广大青年树立了学习的好榜样。

党的十八大以来，党中央动员全党全国全社会力量，上下同心、尽锐出战，攻克坚中之坚、解决难中之难，组织实施人类历史上规模最大、力度最强的脱贫攻坚战，形成了伟大的脱贫攻坚精神。到 2020 年，全国 832 个贫困县全部摘帽，128000 个贫困村全部出列，近 1 亿农村贫困人口实现脱贫，提前 10 年实现《联合国 2030 年可持续发展议程》减贫目标，历史性地解决了绝对贫困问题，创造了人类减贫史上的奇迹。共青团和广大团员青年为之作出了不可磨灭的贡献。

6. 阔步跨入新时代

"新形势下，党的群团工作只能加强、不能削弱，只能改进提高、不能停滞不前。"党的十八大以来，以习近平同志为核心的党中央，通过分析研究新形势下党的群团工作面临的新情况新问题，发出了包括共青团在内的群团改革动员令。一个更加充满活力、更加坚强有力的共青团，正昂首阔步行进在新时代的征程中。

★共青团改革势在必行

中国特色社会主义进入新时代，改革正以前所未有的深度和广度在各个领域全面深化。

作为党的助手和后备军，共青团在新时代如何更好地发挥作用，是党中央高度关注的重大问题。中央把共青团改革作为全面深化改革、全面从严治党的重要组成部分。习近平总书记亲自主持研究部署，多次发表重要讲话、作出重要批示指示，为共青团改革把脉搏，指方向，定方针，提任务。

自1922年5月中国社会主义青年团成立至今，在一个世纪的岁月里，中国共产主义青年团始终不忘初心跟党走：在新民主主义革命时期，团结广大团员青年为民族独立、人民解放浴血奋战；在社会主义革命和建设时期，带领广大团员青年自力更生，发愤图强，投身伟大的社会主义革命和建设；在改革开放和社会主义现代化建设新时期，鼓励广大青年锐意创新，为中国特色社会主义建设顽强拼搏，发挥了积极作用，作出了重要贡献。

近些年，面对社会环境和青年群体发生的重大变化，共青团建设和工作中也出现了一些问题，主要表现为"机关化、行政化、贵族化、娱乐化"现象，"团青"不分、团员先进性不够，等等，共青团改革就是要正本清源，着力破解这些长期积累的问题，让团与青年的心贴得更近点。如果共青团再不奋起直追，不仅是跟不上、不适应的问题，而是会被青年边缘化，被党边缘化，甚至失去组织存在的价值。共青团改革势在必行！

2015年2月，《中共中央关于加强和改进党的群团工作的意见》下发后，团中央就成立了改革工作领导小组，围绕共青团组织存在的突出问题和改革发展重大课题，成立专项组，开展了为期4个月的集中调研和30个重点

2016年4月14日，中央政治局常委会会议审议通过《共青团中央改革方案》。

课题的专项论证。

2016年4月14日，中央政治局常委会会议审议通过《共青团中央改革方案》，决定以中央文件形式印发。

《共青团中央改革方案》明确了共青团中央改革的指导思想、基本原则、主要目标，明确了四大方面、十二个领域的改革措施，并强调指出，共青团是党的助手和后备军，是党和政府联系青年的桥梁和纽带。推进共青团改革，是全面从严治党的一部分，是焕发共青团生机活力的重要举措。

一场以"保持和增强政治性、先进性、群众性"为宗旨的共青团改革，大刀阔斧地展开了。

★ 从团的领导机关干部队伍改起

2019年2月，共青团安徽省委十四届五次全会在合肥召开。参会代表中，有一个人特别引人注目，她就是曾被称为"希望工程形象代言人"的"大眼睛女孩"苏明娟。这次，她是以团省委副书记身份出席会议的。

2017年底，按照群团组织改革后的新标准，苏明娟当选为共青团安徽省委兼职副书记。也许很多人并不知道，这个职务是兼职，没有工资，也没有级别。

打破年龄、学历、身份、职级限制，建设专职、挂职、兼职干部相结合，符合群团组织特点、充满生机活力的团的领导机关干部队伍，正是这次共青团改革的一大亮点。

通过改革，团中央机关调整部门设置，加强了重点群体、新兴领域和薄弱环节方面的工作。团的领导机构和机关设置的广泛性和代表性得到增强。

到2018年团十八大召开时，团的全国代表大会、团中央委员会、团中

2019年2月，曾经的"希望工程形象代言人"苏明娟当选为共青团安徽省委副书记（兼职）。图为苏明娟来到母校和墙壁上当年她的"大眼睛"照片合影。

央常委会中基层和一线代表的比例分别达到70%、50%和25%，具有了更广泛的代表性，能够更好地发挥联系青年的作用，同时提高了各级团组织的科学决策水平。

团中央率先打破职级层级、身份学历等限制，从党政军群、企事业单位、高校、社会组织等各领域、各行业选拔机关干部。

改革之初，先后有85名挂职干部和57名兼职干部被选拔到团中央机关工作。这些干部有的来自党政机关、科研院所，有的来自企业学校、社会组织。他们的到来既让团中央倾听到了来自基层的声音，同时，他们也从团中央学到了更多的知识和管理经验，可谓一项双赢的改革措施。

★做青年友，不做青年"官"

失去了青年，共青团工作就成了无本之木、空中楼阁。团组织改革的另一个目标，就是要努力做广大青年值得信赖的贴心人，深入青年之中，千方百计为青年排忧解难。

为此，《共青团中央改革方案》特别强调，机关干部要摆脱文山会海，走出高楼大院，到青年中去，与青年交朋友。建立团干部直接联系青年制度，要听到青年的声音，与他们有互动，有话题，有线下活动，有面对面交流。

按照要求，团中央、团省委机关干部每年至少常态化下沉基层两个月，团的机关干部每周一天向基层服务对象报到，每名团干部经常性联系服务至少100名青年，结合经常性的开放日、大宣传、大调研等活动，系统构建起了团干部直接联系青年的制度体系。

在团中央干部的总结中，有人这样写道："两年多的时间，粗略算下来，我一共组织和参加了70多场活动，经常联系106个小伙伴，直接接触青年超过1000人，前前后后跑了不下2000公里路程。"

到青年中去，做青年友，不做青年"官"，已经成为广大团干部的自觉行动。一大批知青年、懂青年、爱青年的干部正逐渐成长起来。

★ 我是团员我光荣

对于很多上了岁数的人来说，摘下红领巾那一天起，就渴望着加入共产主义青年团。当时，能够从少先队员成长为一名共青团员，可是一件非常光荣的事情。

然而，一段时间以来，共青团员的称号在中学里似乎变得有些黯淡了。有人曾做过这样的统计：在一些学校，初中毕业班的团员比例超过了80%，有些高中毕业班超过了90%，还有很多班级甚至"全员入团"。这让很多同学产生了这样的想法：在学校学习和各方面表现好不好都没有关系，反正早晚都会加入共青团。团青不分，团的先进性如何体现出来？

中学生团员占全国团员的比例超过了40%。可以说，共青团工作最有利的时期在中学阶段，工作对象和工作力量最集中的也在中学校园。推进共青团改革，中学是至关重要的一环。团建的"第一粒扣子"能不能扣好，不仅直接关系到广大中学生的健康成长，更关乎他们能否成为合格的共产主义接班人。

继《共青团中央改革方案》发布后，2016年11月，团中央和教育部联合印发了《中学共青团改革实施方案》，标志着基层共青团改革迈出了重要一步。这一改革的目标，就是要保持和增强中学共青团的政治性、先进性、群众性，尤其突出先进性。

《中学共青团改革实施方案》对入团比例提出了明确要求：重申用3年左右的时间将初中、高中阶段毕业班团学比例分别控制在30%、60%以内。这两个控制性指标的提出，从根本上提升了中学共青团团员的质量，确保了团员的先进性标准。

同时，各中学团组织通过加强团前教育、严格发展标准、规范入团程序等措施，进一步严把入口关，增强团员的荣誉感，提升团员整体质量。据统计，2016年和2017年，全国团员发展总量分别控制在627万、500万以内，有效改变了有些学校"全员入团"的现象。

团员先进性是共青团组织先进性的基础。正如习近平总书记所说："我们的共青团是先进青年的群众组织……如果没有团员意识和荣誉感，不追求先进性，就容易成为一盘散沙。"为了增强团员意识和荣誉感，各级团组织把加强团员先进性建设作为改革的重中之重，更加注重对团员的教育和管理，引导团员在日常学习生活中发挥先锋模范作用。

为了提升团员的先进性，2017年2月至9月，团中央在全团部署开展了"学习总书记讲话，做合格共青团员"教育实践，这是落实党中央决策部署、着眼于党的事业薪火相传、全面从严治党向基层延伸的一项重要

南京师大研支团成员参加"学习总书记讲话，做合格共青团员"教育实践总结会。大家表示要认真学习习近平总书记系列重要讲话精神，争做新时代优秀青年。

工作部署。

全团围绕学习习近平总书记系列重要讲话精神和治国理政新理念、新思想、新战略，认真组织自学，上好主题团课，开展征文活动。在组织生活方面，以团支部为基本单位，以"三会两制一课"等团员教育管理制度为基本依据，集中开展好组织生活会、入团仪式和评选表彰工作，加强和整顿规范基层组织。在实践活动方面，组织开展了好团员志愿服务、"不忘初心跟党走"网络主题团日、团员先锋岗（队）创建等活动，发挥和彰显了团员的先进性。

与此同时，团中央和教育部还大力推动中学生志愿服务工作，要求广大团员注册成为志愿者，积极参加志愿服务活动，将志愿服务作为共青团员彰显先进性、践行社会主义核心价值观的时尚载体。越来越多的团员青年在参与志愿服务中深化了"学习雷锋、奉献他人、提升自己"的志愿服务理念。

★ 网红"团团"

"B站第一大V是谁?"结果出乎所有人的意料,根据2019年年底B站公开的所有UP主的数据,"第一大V"竟然是"团团"。

如果在几年前,你一定会好奇地问:"团团"是谁?可是在今天,你会发现"团团"已经成为青年人离不开的好朋友。

一个青年团粉在谈到"团团"时这样说道:"每当我们青年遇到困惑的时候,总会第一时间想到团团,团团也是尽可能地给予回应。在网络上,团团几乎是无处不在的,微博、微信、QQ、B站……我们总能听到团团的声音,得到团团的鼓励。"

截至2021年12月,我国网民规模已达10.32亿,互联网普及率达73.0%。要赢得青年,首先就要进驻网络。这也是共青团改革的一项重要内容。

2013年12月27日,共青团中央发出了第一条微博,随后共青团中央微信公众号亮相,吹响了新时代进军互联网的号角,如今成为顶级"网红",被网友们亲切地称为"团团"。充满正能量的卡通形象——"团宝"的出现,更是受到了年轻人的喜爱。

共青团中央网络社交媒体卡通形象——团宝

"团团"的成长也不是一帆风顺的。

建号初期,由于所发布的内容过于"严

肃"，不符合青年人的口味，获得的转评赞通常是两位数，甚至个位数，且前来捧场参与互动的基本是各地的基层团委和校级团委。渐渐地，"团团"在青年和共青团中央之间拉开了距离。如何面对拥有新思想的"潮"青年？如何让"团团"成为可信赖可依靠的朋友？答案只有一个："团团"只有放下身段才能和年轻人玩到一起。

2016年《共青团中央改革方案》出台，其中特别强调："大力实施'网上共青团'工程，以'智慧团建'和'青年之声'为重点，建设工作网、联系网、服务网'三网合一'的'网上共青团'，形成'互联网+共青团'格局，实现团网深度融合、团青充分互动、线上线下一体运行。"

从2016年下半年开始，共青团中央的微博开始以全新的面貌出现在青年人面前，不但在内容上加入了丰富的情感，还越来越多地使用"斗图"风格的表情包，甚至还与游戏进行联动结合，一个有血有肉的共青团新形象赢得了越来越多的青年人的喜爱。仅2017年全团点击量过亿的话题活动就超过30个。

2017年，"团团"入驻了知乎和B站，这是继开通微博和微信公众号之后的又一次突破。入驻知乎平台两天后，团中央新媒体收获4万多用户关注。"不卖政策，不卖新闻，只生产态度"，这是团中央在新媒体上的自我定位。截至2018年底，全团已建立7万多个微博账号、两万多个微信公众号、6000多个"青年之声"互动社交平台，"两微"平台进入全国第一矩阵。

微博、微信、知乎、B站、QQ空间、网易云音乐、抖音、快手……到处可以看见"团团"的身影。青年在哪里，团的工作就要到哪里。团中央通过大力实施影响力工程、推进产品化战略，旗帜鲜明地弘扬正能量，立场坚定地开展舆论引导。随着《青年网络公开课》《青听》《中国好青年》等一批"爆款"网络文化产品走向青年,"团团"已经成为网络空间的一股清流。

2018年6月,共青团十八大召开,发出了"共青团改革再出发"的号角,各项改革举措得到进一步梳理和巩固,加强团的基层建设被摆上首要日程。2019年,团中央提出了"力争到2022年建团100周年时团的基层薄弱状况基本扭转、团的组织力明显提升"的目标。通过改革,我们看到,一个更加充满活力、更加坚强有力的共青团正意气风发地走向未来。

★隆重举行庆祝中国共产主义青年团成立100周年大会

2022年5月10日上午,庆祝中国共产主义青年团成立100周年大会在北京人民大会堂隆重举行。中央党政军群各部门主要负责同志,首都各界团员青年代表以及部分国家驻华使节等约1000人参加大会。

习近平总书记发表重要讲话。他首先代表党中央,向全体共青团员和各级共青团组织、团干部,致以热烈的祝贺和诚挚的问候。

习近平总书记在讲话中全面回顾了100年来共青团坚定不移听党话、跟党走的青春历程,充分肯定了共青团在党的领导下、团结带领一代代团员青年为实现中华民族伟大复兴中国梦所作出的重要贡献,对新时代各级团组织和广大青年再立新功提出了新要求。

习近平总书记在讲话中深刻阐明了共青团和青年工作的历史经验,强调:百年征程,塑造了共青团坚持党的领导的立身之本,塑造了共青团坚守理想信念的政治之魂,塑造了共青团投身民族复兴的奋进之力,塑造了共青团扎根广大青年的活力之源。这是共青团面向未来、再立新功的重要

2022年5月10日，庆祝中国共产主义青年团成立100周年大会在北京隆重举行。

遵循。

习近平总书记给共青团提出四点希望：第一，坚持为党育人，始终成为引领中国青年思想进步的政治学校。第二，自觉担当尽责，始终成为组织中国青年永久奋斗的先锋力量。第三，心系广大青年，始终成为党联系青年最为牢固的桥梁纽带。第四，勇于自我革命，始终成为紧跟党走在时代前列的先进组织。

习近平总书记要求新时代的广大共青团员，做理想远大、信念坚定的模范，做刻苦学习、锐意创新的模范，做敢于斗争、善于斗争的模范，做艰苦奋斗、无私奉献的模范，做崇德向善、严守纪律的模范，努力成长为有理想、敢担当、能吃苦、肯奋斗的新时代好青年。

习近平强调，在实现中华民族伟大复兴的征程上，中国共产党是先锋队，共青团是突击队，少先队是预备队。入队、入团、入党，是青年追求政治进步的"人生三部曲"。中国共产党始终向青年敞开大门，热情欢迎青年源源不断成为党的新鲜血液。

共青团中央书记处第一书记贺军科、中华全国总工会书记处第一书记陈刚在大会上发言。贺军科指出：历史昭示我们，没有党的坚强领导，就没有团的壮丽事业，就没有朝气蓬勃的中国青年运动。共青团百年奋斗的根本初心和全部追求，就在于坚定听党话、永远跟党走，引领团员青年为党和人民事业接续奋斗、永久奋斗！他号召广大团员青年更加紧密地团结在以习近平同志为核心的党中央周围，以习近平新时代中国特色社会主义思想为指导，在实现中华民族伟大复兴的时代洪流中踔厉奋发、勇毅前行，奋力书写无愧于党、无愧于人民、无愧于时代的青春篇章，以实际行动迎接党的二十大胜利召开！

共青团在新时代的全面改革，使团获得新生，焕发出新的活力，在新时代波澜壮阔的伟大实践中，经受住风雨，战胜了挑战，团结带领广大团员青年，展现出自信自强、刚健有为的精神风貌，为党和国家事业取得历史性成就、发生历史性变革，建立了重要功勋！

"改革只有进行时，没有完成时。"在全面建设社会主义现代化国家的新征程上，共青团将积极贯彻习近平总书记在中国共产主义青年团成立100周年大会上的讲话精神，按照部署和要求，不断全面深化改革，回答和解决新时代中国青年运动和青年工作，如何更好地把青年团结起来、组织起来、动员起来，为实现第二个百年奋斗目标、实现中华民族伟大复兴的中国梦而奋斗的重大课题，切实增强引领力、组织力、服务力，团结带领广大团员青年成长为有理想、敢担当、能吃苦、肯奋斗的新时代好青年,用青春的能动力和创造力,激荡起民族复兴的澎湃春潮,用青春的智慧和汗水打拼出一个更加美好的中国!

中华民族是崇尚英雄、成就英雄、英雄辈出的民族，和平年代同样需要英雄情怀。革命的胜利和建设的果实从来不是天上掉下来的，不是别人拱手相让的，而是用流血牺牲、辛勤汗水换来的。在共青团百年征程中，涌现出无数惊天动地、感人至深的英雄模范，他们的名字如同璀璨的明星，永远闪耀在历史的长河中。榜样的力量是无穷的，广大团员青年要发扬他们的精神，从他们身上吸取奋发的力量，为实现中华民族伟大复兴的中国梦奉献青春热血。

1. 黄爱、庞人铨：最早牺牲的两名团员

在湖南省长沙市岳麓山的穿石坡湖畔，坐落着一座由花岗石砌筑而成的墓冢。这里绿树成荫、庄重肃穆，墓围坐西朝东，四角各立圆形石柱。墓上用青石砌成方形平顶塔碑，墓前有条石围成的半圆形石栏，墓后砌青石围。

我国早期工人运动领袖
黄爱（左）与庞人铨（右）

这是我国早期工人运动领袖黄爱、庞人铨之墓。他们都是湖南人，都在1922年1月17日被军阀赵恒惕枪杀在长沙浏阳门外，年仅25岁，是共青团历史上最早牺牲的两名团员。

黄爱是湖南常德人，少时读书求学，后因家庭经济困难辍学，到商号

当了学徒。16岁时考入湖南甲种工业学校,毕业后在湖南电灯公司当技工。庞人铨是湖南湘潭人,生于一户富裕家庭,但因父亲早逝,受族人支持才得以入学。他与黄爱是湖南甲种工业学校的同学,毕业后入湘潭织布厂做工。

黄爱好学上进,立志要以工业救国,于1919年春赴北京应考高等工业学校,却因误了考期插班进入天津直隶专门工业学校(今河北工业大学)学习。时值五四运动爆发,他参与天津学生联合会工作,与周恩来等一起投入反帝爱国斗争。五四运动虽然取得阶段性胜利,但是山东问题依然迟迟没有进展,受山东爱国团体约请,觉悟社和天津学生联合会多次派请愿团赴京向北洋政府请愿。黄爱积极参加请愿,在北京被警察捕押了一个多月。这是他第一次入狱。

在陈独秀的支持下,1920年9月,黄爱回到长沙组织湖南劳工会,恰遇同学庞人铨,两人志同道合,相谈甚欢。11月,湖南劳工会在长沙召开了盛大的成立大会,发布《湖南劳工会的宣言》。这是湖南第一个真正意义上的劳工团体,黄爱被公推为大会主席。在湖南第一纱厂工人进行正义斗争时,为了营救被捕的工友,黄爱挺身而出到当局"自首",又一次被反动军阀政府关押了1个多月。

湖南劳工会的影响越来越大,引起了湖南党组织创始人毛泽东的关注。为了把黄、庞二人争取过来,毛泽东指定专人与他们联系,多次约二人到他的住处恳切交谈。在毛泽东的帮助下,黄、庞二人逐渐转向信仰马克思主义,并光荣地加入了中国社会主义青年团。1921年11月,在湖南劳工会成立一周年之际,毛泽东同二人商议改组事宜,同时在《劳工周刊》上发文,对改组提出3点建议。黄、庞二人非常赞同,随即对劳工会进行改组,将合议制改为委员制,将8个部减少到3个部,先后成立了土木、机械、印刷等 10 多个工会，还邀请毛泽东助理会务。这样，劳工会面貌焕然一新。

1922 年 1 月 13 日，湖南第一纱厂工人因为年终薪水问题与厂方发生冲突，发动大规模罢工，遭到反动军警残酷镇压，当场死伤多人。黄、庞二人闻讯后立即赶到现场指挥，代表工人向政府提出 11 项合理要求。黄爱决定牺牲自己，去换得更多人的自由。

1 月 16 日夜，黄爱、庞人铨在与厂方协商调停罢工问题时，被反动派逮捕。第二天清晨，黄爱和庞人铨在长沙浏阳门外惨遭杀害，黄爱被砍 3 刀后仍奋力高喊："大流血！大成功！"

黄爱、庞人铨的遇难震惊全国。中国劳动组合书记部称他们是"中国第一次为无产阶级奋斗而死的先烈"。周恩来曾作《生别死离》诗悼念。1922 年 5 月第一次全国劳动大会作出决议，将其遇难日 1 月 17 日定为中国劳工运动纪念日。

2. 狼牙山五壮士：宁死不屈，纵身一跃

2000 多年后的 1941 年 9 月 25 日，在离易水不远的狼牙山上，5 名八路军战士从山上纵身一跃，谱写出一首气吞山河的壮丽诗篇。他们被称为"狼牙山五壮士"。他们是：

马宝玉，班长，河北蔚县人，跳崖牺牲时年仅 21 岁。

葛振林，副班长，河北曲阳县人，跳崖后被挂在树上而幸免于难。

胡德林、胡福才，战士，河北容城县人，两人是叔侄关系，一起当兵，牺牲时分别只有 19 岁、18 岁。

1941年的9月25日，5名八路军战士为保护部队和群众安全，将敌人引上悬崖，打光子弹后壮烈跳崖。5位战士的壮举，表现了崇高的爱国主义、革命英雄主义精神和坚贞不屈的民族气节，被誉为"狼牙山五壮士"。

宋学义，战士，河南沁阳县（今沁阳市）人，跳崖后的幸存者。

晋察冀抗日根据地是抗战时期我党开创的第一块抗日根据地，包括华北同蒲铁路以东，津浦铁路以西，正太、石德铁路以北，张家口、承德以南的广大地区。1941年秋，日寇集中兵力，向我晋察冀根据地进行大"扫荡"，实施残酷的毁灭性的军事打击。

9月24日，日伪军3000余人在飞机、大炮的掩护下，对河北省易县狼牙山一带发起"清剿"。该地区驻有八路军和涞源、易县、徐水、满城四县党政机关及群众数万人。第1军分区第1团第7连奉命掩护机关、部队和群众向老君堂方向转移。完成任务撤离时，留下第6班5名战士在班长马宝玉带领下掩护全连转移。

马宝玉沉着指挥战斗，把敌人吸引到山上，利用地形的优势，一次次把冲上来的敌人打了下去。夜色降临，掩护任务已经胜利完成，战士们准备转移。面前有两条路：一条通往主力转移的方向，虽然可以很快追上连队，但是敌人也会很快跟上来；另一条通向狼牙山的顶峰棋盘陀，那里三面都是悬崖绝壁。走哪条路呢？

"走！"马宝玉带头向山顶前进。他们连夜捆扎手榴弹，准备再战。

第二天凌晨，敌人继续发起进攻。五壮士同敌人激战5个多小时，弹药耗尽后，就用石块砸。最后关头，5名勇士果断将所带枪支毁坏，从棋盘陀西侧的小莲花峰纵身跳下了悬崖。马宝玉、胡德林、胡福才3人壮烈牺牲。

葛振林、宋学义两人跳崖后被伸出的树杈挂住。当地一位青救会的干部发现后，搀扶他们到山上古庙休息，给他们做饭，为他们放哨、探路，第二天又和古庙道士一起，送两位壮士归队。

1941年11月5日，《晋察冀日报》率先报道了5位战士的英勇事迹。1942年5月，晋察冀军区司令员聂荣臻签署训令，将5人命名为"狼牙山五壮士"，授予3名烈士"模范荣誉战士"称号，通令嘉奖葛振林、宋学义，并授予"勇敢顽强"奖章。

宋学义腰部严重受伤，1944年转业到狼牙山北管头村。他隐藏功名，带领群众搞农业生产。1959年，国庆10周年时，宋学义作为"狼牙山五壮士"之一应邀进京参加活动，还受毛泽东邀请吃了一顿家常便饭。1971年去世，享年53岁。

葛振林归队后又历经了多次战役,还参加了抗美援朝。朝鲜停战后回国,担任湖南省衡阳市人武部副部长、衡阳警备区后勤部副部长等职。1982年离休后,发挥余热,担任多所中小学的校外辅导员。2005年病逝,终年88岁。

3. 刘胡兰:"生的伟大,死的光荣"

1947年1月12日清晨,天色阴沉,北风呼啸。一队国民党军包围了山西省的一个村庄。敌军把群众集合在一块场地上,一个年轻的女孩被当众抓起来。敌人威逼利诱,让她说出村里谁是共产党员。女孩毫无惧色,从容走向敌人的铡刀,英勇就义。

这个女孩叫刘胡兰,牺牲时还不满15岁。这一年的春节期间,村里没有一户人家贴春联、放鞭炮,家家户户都在为烈士默哀。

两个多月后,正在转战陕北途中的毛泽东,第一次听到了任弼时向他汇报的刘胡兰事迹。

毛泽东问:"她是党员吗?"

任弼时说:"是个优秀共产党员,才15岁。"

毛泽东深受感动,挥笔写下了"生的伟大,死的光荣"8个大字。

刘胡兰塑像

刘胡兰1932年10月出生于山西省文水县云周西村的一个贫苦农民家庭。长辈给她起名"富兰",希望能让家庭变得富裕。然而,在旧社会受剥削受压迫的农民又怎么能致富呢?刘胡兰4岁时母亲就因病去世了。

1937年全国抗战爆发后,共产党领导的八路军开到山西。县里成立了抗日民主政府,领导抗日武装一边抗战一边组织减租减息,农民们分到了土地,生活有了改善。1939年7月,村里建立了党小组。从此,村民们踊跃地投身到抗日洪流中,给八路军送军粮,掩护抗日干部,支前打仗。因此,云周西村被敌人称为"小延安"。

8岁那年,继母胡文秀来到刘胡兰家。第二年,刘胡兰上了抗日政府办的冬学。开学那天,胡文秀在用废纸订成的小本子上端端正正地写下了"刘胡兰"3个字,从此刘胡兰有了自己的新名字。

1942年,刘胡兰加入了儿童团,并当上了团长。她经常和小伙伴们站岗、放哨,掩护抗日干部,还随武工队员到敌人据点散传单、贴标语、侦察敌情。小小年纪的她像一棵幼苗般映着抗日的烽火茁壮成长。

抗日战争胜利后,1945年10月,刘胡兰参加了文水县党组织举办的妇女干部训练班。学成回村后,她担任了村妇救会秘书,带领妇女纺线织布,看护伤员,参战支前。1946年6月,她被批准为中国共产党候补党员。这一年,她才14岁。

1946年10月,国民党军队大举进犯文水县城。为保存革命力量,县委决定大部分同志转移上山,留下小部分同志坚持斗争。刘胡兰以熟悉环境为由,主动要求留下来。她经常冒着生命危险向各村党组织传达党的指示,组织群众掩埋粮食,并配合武工队镇压了反动村长。

敌人为了报复,对云周西村发动突袭。刘胡兰因叛徒出卖被捕,同时被捕的还有6个村民。

在山西省档案馆里保存着1951年文水县人民法院的一份档案——《残害刘胡兰的凶手张全宝供词》，里面对刘胡兰牺牲的经过有详细的供述：

敌军连长徐得胜问："刘胡兰，你们村中还有谁是共产党员？"

刘胡兰说："再没有，只有我一个。"

随后，敌人当着她的面，用铡刀铡死了6个村民。铡死一个就问她一句："你怕不怕？你说出共产党员来，就不杀你！"

刘胡兰说："我死也没说的。"

敌军又说："你自白了，给你家里一份地。"

刘胡兰说："你给我抬一个金人来，我也不自白！"说完从容走向铡刀，英勇就义。

当代的青少年们，15岁时你或许正在图书馆的书海中遨游，或许还在父母的怀里撒娇。虽然再也不用像刘胡兰那样面临生死考验，但是刘胡兰的革命精神值得我们永远学习。

4. 董存瑞：舍身炸碉堡

1942年的一天下午，日军来到河北的一个村子"扫荡"。一位干部模样的中年男子为了掩护群众转移被敌人包围了。这时，一个男孩把他拉进自己家里，藏在墙角的一堆破席卷里。

一会儿，敌人闯了进来，问孩子："八路在哪里？"孩子假装没听懂。敌人还拿出糖果哄骗他，他也不说。敌人见软的不行，又拔出军刀威吓，

董存瑞舍身炸碉堡。（宣传画）

孩子始终一口咬定"不知道"。敌人开始四处搜查，最后瞄准了那堆草席，孩子赶忙随手抓起一把草席丢在地上，说："这是囤粮食的破席卷，还能藏人？"敌人见席卷又臭又脏，料定没有八路，心有不甘地走了。

这个男孩就是董存瑞，中年男子是区委书记兼武委会主任王平。

1929年10月，董存瑞出生于河北省怀来县，家境贫寒。他从小机灵，胆子大，是村里的"孩子王"。14岁时，董存瑞被选为儿童团团长，经常站岗放哨，为八路军通风报信。

1945年7月，16岁的董存瑞参加了八路军。他军事技术过硬，作战机智勇敢，入伍不到3年时间，先后参加战斗110余次，与战友一起歼敌800余人，俘敌400余人，炸毁碉堡16座，立大功3次、小功4次，获3枚"勇敢奖章"、1枚"毛泽东奖章"。1947年3月，他加入中国共产党。

在新式整军运动中，董存瑞带领的六班被师里评为练兵模范班。

1948年5月初，董存瑞所在的部队参加了冀热察战役。隆化是热河省省会承德的北面屏障，敌人修筑了大量碉堡，有些特殊构筑的暗堡被称为"模范工事"。第一次攻打隆化时，我军因工事坚固、经验不足，攻城未克。

5月25日凌晨，攻打隆化的第二次战斗打响。董存瑞所在连队奉命向隆化中学发起攻击。担任爆破组组长的董存瑞带领战友们接连炸毁4座炮楼、5座碉堡，完成了预定的任务。连队随即发起冲锋，突然，敌人在东北角横跨旱河的桥上修筑的一个伪装巧妙的暗堡里喷出猛烈的火舌，部队冲锋受阻。连队两次组织对暗堡进行爆破均未成功，伤亡不断增多。

离发起总攻的时间越来越近。危急之际，董存瑞挺身而出，毅然抱起炸药包，冲向暗堡。在战友们的掩护下，他不顾左腿负伤，忽左忽右，跑跑停停，终于跃到桥下，胜利似乎在前面招手了。

但是随即他又遇到难题：暗堡距地面一人多高，又找不到任何支架，无处放置炸药包。这时，总攻号吹响了，又有战士倒下。董存瑞来不及多想，左手托起炸药包，右手拉燃导火索。一声巨响，敌人的暗堡被炸得粉碎。红旗终于插上城头。董存瑞以自己的生命为部队开辟了前进的道路，牺牲时年仅19岁。

英雄精神，滋养英雄部队。如今，董存瑞生前所在部队官兵，始终把董存瑞精神当作"传家宝"：新兵入伍讲的第一个故事是董存瑞的故事，看的第一部电影是《董存瑞》，唱的第一首歌是《当兵要像董存瑞》，读的第一本书是《董存瑞故事集》，晚点名时第一个点的名字是"董存瑞"。董存瑞依旧活在每个官兵的心中。

⭐ 5. 黄继光：用胸膛堵住敌人的枪口

在英雄辈出的中国人民解放军中，有一个以个人名字命名的连队——"黄继光英雄连"。连队每天点名，点的第一个名字永远是最响亮的"黄继光"，而且一人点名，全连答"到"。在"黄继光班"里，永远保留着一张属于黄继光的下铺。睡前，战友会把他的被子铺开，起床的第一件事就是把他的被子叠好。

中国人民志愿军特级英雄黄继光（宣传画）

70年前，黄继光牺牲在朝鲜战场，70年过去了，在这个连队，就如同他还活着一样，时时处处都能感受到他。

黄继光1931年生于四川省中江县，按族谱起名"黄际广"。他家境贫寒，父亲被地主欺压致死。为了生计，他从小割草放牛给地主做帮工。1949年冬，黄继光的家乡解放，他积极参加农会，带领民兵活捉逃亡地主，被评为民兵模范。

1951年3月，黄继光报名参加了中国人民志愿军，后随部队跨过鸭绿江，赴朝参战，被分配到某部2营6连任通信员。在奔赴朝鲜战场途中，他给母亲写下家书："男有决心在战斗中为人民服务，不立功不下战场。"他工作积极认真负责，多次出色地完成了上级交给的任务。1952年7月，黄继光加入中国新民主主义青年团，8月又荣立三等功1次。不久，他被调到营部当通信员。

1952年10月14日清晨，上甘岭战役打响。这是一场空前激烈的战役，持续时间长，战斗激烈程度为第二次世界大战以来所罕见。

10月19日晚，黄继光所在营奉命夺取上甘岭西侧某高地。第6连在接连攻占3处阵地后，受阻于零号阵地，被上面3个火力点压制住了。黄继光随营参谋长来到第6连。第6连连续派出3批爆破组，但爆破手都在冲击途中伤亡，整个连队几乎打光了。

关键时刻，黄继光挺身而出，请求担任爆破任务。得到批准后，黄继光被任命为第6连第6班班长，带领两名战士执行爆破任务。3个火力点的机枪交叉扫射，子弹打得密不透风。他们冲进弹雨，连续摧毁敌人两个地堡。不幸的是，两名战士一名牺牲，一名受重伤，黄继光也多处负伤。

在手榴弹爆炸的烟雾掩护下，黄继光设法接近敌人的最后一个火力点，甩出最后一颗手雷。火力点被炸掉半边，敌人的机枪顿时停止了射击。但在志愿军后续部队准备发起冲锋时，敌人的机枪又换了一个射击孔扫射起来。黄继光艰难地爬到射孔一侧的死角，突然跃身而起，张开双臂，用尽最后一丝力气向火力点直扑上去，用胸膛堵住美军正在扫射的枪口，为部队冲锋扫清了道路，壮烈牺牲。

当战友们冲上零号阵地时，黄继光的身躯仍然压在敌人的射击孔上，两手还牢牢地抓着地堡上的麻袋。战友们看到，黄继光的身体被敌人的子弹打成了蜂窝，胸腹之处血肉模糊，背部已被洞穿。

战后，黄继光被追认为中国共产党党员，追授"模范青年团员"称号；被追记特等功，追授"中国人民志愿军特级英雄"称号。朝鲜最高人民会议常任委员会追授黄继光"朝鲜民主主义人民共和国英雄"称号。

1953年4月，黄继光的母亲邓芳芝作为代表出席了全国妇女代表大会，毛泽东特地请她到中南海做客，表达了对英雄的敬意。

黄继光的英雄壮举，激励和教育了一代又一代人。他那奋不顾身的英雄气概和大无畏精神，犹如一面旗帜，引领着一代又一代中国人为中华民族伟大复兴而不懈奋斗。

6. 邱少云：最坚忍的潜伏

电视纪录片《感动中国——共和国100人物志》之"邱少云——最坚忍的潜伏"中有这样一段解说词：

> 这巴掌大小的军衣残片，曾经紧贴过烈士最后的心跳。烈火虽然吞噬了一个年轻的生命，却在中国军史上留下了一个伟大的名字：邱少云。在半个多世纪前的朝鲜战场上，这位四川籍战士用最坚忍的潜伏，完成了中国士兵最勇猛的突击。

邱少云1926年出生于四川省铜梁县（今属重庆）的一个贫苦农民家庭。9岁时父亲被雇主害死，11岁时母亲因病去世，13岁开始长工生活，没上

中国人民志愿军一级英雄邱少云（宣传画）

过学。直到四川解放，他才过上新的生活。

不久，解放军第15军某部到邱少云的家乡招新兵，他积极报名并顺利参军入伍。在革命队伍里，他工作积极，作战勇敢，利用业余时间学习文化知识。1950年秋，他随连队去四川内江地区剿匪，在高梁镇战斗中带病参战，奋勇当先，深入匪巢，毙伤匪徒10余名，协同战友活捉匪首。1951年，他参加了中国人民志愿军。

1952年10月，志愿军和美军在上甘岭展开了激烈的争夺战。邱少云所在营担负着攻击金化以西敌前哨阵地391高地的任务。

上战场前，邱少云向党支部递交了入党申请书，郑重宣誓：宁愿自己牺牲，决不暴露目标。

敌阵地前沿是一片开阔地，暴露在敌人炮火之下，为缩短进攻距离，便于发起突然攻击，在总攻那天的黎明前，部队组织500余人在敌阵地前沿的草丛中潜伏。这就意味着，这几百人要在敌人的眼皮子底下，长时间确保一动不动，一旦被发现，将前功尽弃。所以说，潜伏，这是一步险棋。

邱少云所在的班是爆破班，作为开路先锋潜伏在开阔地的最前面，距敌人工事仅几十米。每个人从头到脚都插上了蒿草，和草地连成一片，不容易被看出伪装的痕迹。透过草缝，可以看到阵地上持枪巡逻的敌人。

时间过得特别缓慢，战场上表面的平静中似乎预示着一丝不祥。中午时分，美军盲目发射燃烧弹，其中一发落在离邱少云约两米远的草丛中，飞溅的燃烧液把邱少云身上的蒿草点着了，火苗一点儿一点儿地向他身上的棉裤和棉衣蔓延。

此时，邱少云所在班的班长马遂群，就在邱少云右后方约20米的地方，目睹了邱少云牺牲的全过程。火中的邱少云咬紧牙关，两只手使劲儿地向地里挖，到后来被浓烟熏得睁不开眼，呛人的气味几乎使他昏厥。

这一刻，只要邱少云翻一个身，拍打几下就可以把火苗扑灭；或者起来后退几步，到附近的水沟里打个滚儿，也可以迅速自救。

但是，邱少云没有那么做。为防止携带的爆破筒和子弹遇热爆炸，他强忍着烈火烧身的剧痛，轻轻地将爆破筒推向一边，将子弹埋到土里。就这样，烈火在他身上燃烧了半个多小时……

总攻的时间终于到了。战友们怀着满腔仇恨，高呼为邱少云报仇的口号冲向敌人的阵地，将红旗插上391高地。

邱少云牺牲后，部队党委追认他为中共党员，追授他为"模范青年团员"称号。中国人民志愿军总部为他追记特等功，追授中国人民志愿军"一级英雄"称号。

7. 向秀丽：让雷锋决心永远学习的榜样

在雷锋 1962 年 2 月 8 日的日记中，写着这样一段话："我决心永远学习向秀丽同志坚定的阶级立场，敢于斗争的精神；学习她耐心帮助同志、处处为集体谋利益的精神；学习她对工作极端负责任；学习她对党对人民无限忠诚；学习她爱护国家财产胜过爱护自己生命的精神；学习她在紧急关头，挺身而出、英勇牺牲的精神……"

可以想见，雷锋曾经是向秀丽的"粉丝"，在向秀丽事迹和精神的激励下，雷锋成长为一名共产主义战士，把有限的生命投入到无限的为人民服务中去。

向秀丽 1933 年出生于广东清远的一个贫苦店员家庭。由于家里兄弟姐妹众多，生活困难，向秀丽不到 10 岁就被送到地主家，每天起早摸黑挑水、煮饭、放牛，动不动还要遭到殴打；12 岁进厂做童工，先后做过钉纽扣工人、包装工人；1948 年，进入民营的广州和平药厂当临时工。

新中国成立后，当地党委派工作组进厂成立工会，向秀丽担任工会的组织委员。1954 年，她加入中国新民主主义青年团，并担任团支部组织委员。1956 年公私合营，和平药厂并入何济公制药厂，向秀丽在药厂当了一名包装工。1958 年 10 月，她被批准为中国共产党预备党员。

舍身忘死的英雄向秀丽

1958年12月13日晚，制药厂化工车间灯火通明。向秀丽和另外两名年轻女工在加班生产化学药剂。因酒精瓶底意外破裂，大量酒精四处流溢后接触到车间正在燃烧的煤炉，车间瞬间变成一片火海。

更可怕的是，就在不到4米远的地方放有大量金属钠。金属钠是易爆化工原料，遇水会产生剧烈反应，量大时会发生爆炸。一旦爆炸，不但整个工厂会被毁，还将殃及附近小区居民，后果不堪设想。

向秀丽拼命地用帽子、围裙阻止火势蔓延，但还是阻挡不了火势。千钧一发之际，她奋不顾身地扑了上去，想用自己的身体堵住蔓延的火焰。工友冲上来要救她，向秀丽拒绝并让她们赶快叫人来救火。她为工友们及时赶来灭火赢得了宝贵的时间，避免了一场眼看就要发生的悲剧，保护了国家财产和人民生命安全。

向秀丽被送到医院后，整整昏迷了3天3夜，一直处在生命垂危的边缘。她全身重度烧伤，面积达2/3以上。她清醒后第一句话就问："金属钠有没有爆炸？工厂有没有受到损失？"经过33天的全力抢救，向秀丽终因伤势过重，于1959年1月15日去世。

向秀丽舍身灭火的英勇事迹，迅速传播开来，全国掀起了向向秀丽学习的热潮。后来，广州市人民政府将下九路何济公制药厂的楼宇命名为"秀丽楼"，并把当时化工车间所在的上九路、下九路一带命名为"秀丽街"。

如今，在广州，"秀丽"是一个知名度极高的品牌。"秀丽楼""秀丽街""向秀丽青年突击队""向秀丽·雷锋志愿服务队"……60多年来，向秀丽精神一直激励着一代又一代中华儿女。

8. 雷锋：伟大的共产主义战士

每年的 3 月 5 日，是一个有特殊含义的日子，叫"学雷锋纪念日"。这一天，全国各地、各行各业都会开展各种各样的学雷锋活动。雷锋的名字家喻户晓，是我国当之无愧的具有最高知名度的英模人物，影响了一代又一代的中国人。

雷锋 1940 年出生在湖南望城（今长沙市望城区）一户贫苦农民家庭。他从小命运十分悲惨，7 岁时成了孤儿，在乡亲们的拉扯下，挣扎着活了下来。他曾在一篇日记中写道："我家里很穷，父、母、哥、弟，都死在民族敌人和阶级敌人的手里，这血海深仇，我永远铭记在心。"

时代的楷模雷锋

新中国成立后，雷锋的命运才有了根本的改变。他当上了儿童团团长，积极参加土地改革，分到了土地，还进了小学读书，后来他加入了中国少年先锋队，被选为中队委员。

那时候，小学毕业就是知识分子，可以参加工作了。雷锋此后换了多个工作岗位：在生产队当了近 3 个月秋征助理员，又到安庆乡政府当通信员，不久调到望城县委当公务员，并光荣地加入中国新民主主义青年团，同时被评为县委机关工作模范。

1958 年夏，辽宁鞍山钢铁厂到湖南望城招工，雷锋响应号召，申请到鞍钢支援祖国建设，成为鞍钢化工总厂洗煤车间的一名推土机手。一年多以后，他写了申请书积极要求参军入伍，于1960年1月进入中国人民解放军沈阳部队工程兵某部运输连当汽车兵。

1962年8月15日，雷锋因公殉职，年仅22岁。

雷锋在部队的两年多，不仅出色地完成了本职工作，而且以火一样的热情，积极参加社会公益活动，为人民、为集体做了大量好人好事，荣立二等功1次，三等功两次，多次受到各级嘉奖，被评为"少先队优秀辅导员""模范共青团员"。

他理想崇高，信念坚定。经历过旧中国苦难的雷锋，深深懂得幸福生活来之不易，对党和祖国有着深厚的感情。因此他在《我决心应召》中写道："我参军不是为了出名，不是为了个人利益，而是为了保卫我们的祖国和人民的利益。"到部队后，他把对党和祖国的深厚感情，化作实际行动，践行了"把毕生精力和整个生命为人类解放事业——共产主义全部献出"的诺言。

他助人为乐，甘于奉献。群众哪里有需要，他就出现在哪里。辽宁抚顺的望花区召开大生产号召动员大会时，雷锋上街办事正好看到这个场面，他从共203元的存款中，取出200元钱，来到区委办公室捐款。接待他的同志实在无法拒绝他的这份情谊，只好收下一半。而另100元他又捐给了遭受百年不遇洪水的辽阳灾区。

他苦练本领，爱岗敬业。雷锋做过通信员、拖拉机手、推土机手、汽车兵，无论做什么工作，他都干一行爱一行，专一行精一行。作为汽车兵，他苦练驾驶技术，和战友们在零下20多摄氏度的寒冷天气里给汽车做保养，把手伸到汽油里去清洗机件，所在的班安全行车超过26000公里，被评为"出车安全先进班"。

他艰苦奋斗，勤俭节约。在连队，雷锋用废弃木板做了一个"节约箱"，还把平时捡来的破铜烂铁、玻璃碴子、牙膏皮、螺丝钉等分门别类收集起来，有利用价值的就再利用，变废为宝。

雷锋的生平事迹感人至深，其精神世界十分高尚，为青少年树立了具有坚定的无产阶级立场和高尚的共产主义思想品德的榜样。毛泽东专门为雷锋题词"向雷锋同志学习"，之后，在全国范围内广泛兴起学雷锋活动。雷锋精神感染和教育了几代中国人。2009年，雷锋被评为"100位新中国成立以来感动中国人物"之一。

习近平总书记指出："雷锋是时代的楷模，雷锋精神是永恒的。"雷锋以平凡而伟大的一生，铸就了一座永恒的丰碑。

9. 王杰：一不怕苦，二不怕死

2019年1月下旬，解放军驻江苏徐州某部"王杰班"收到一封特殊来信，一封来自习近平主席的信。

"王杰班"全体战士：

你们好！来信收悉，看到一年多前我们一起交流的照片，当时的情景又浮现在我的眼前。得知你们认真学习贯彻新时代党的强军思想，弘扬王杰精神，努力拼搏奋斗，取得了新的优异成绩，我为你们感到高兴。

……

春节就要到了,我向你们和你们的家人,致以新春的问候和美好的祝福。

习近平

2019年1月21日

正如信中提到的,一年多前,2017年12月13日,习近平主席视察陆军第71集团军,专程来到"王杰班",与战士们围坐一圈座谈。习近平主席动情地说:"我小时候就知道王杰的故事,王杰是我心目中的英雄!"并勉励大家再接再厉,带头做新时代王杰式的好战士。

接下来的一年,"王杰班"完成了由工兵班变成装甲步兵班的艰难转型,他们一致决定给习主席写封信,汇报取得的成果。想不到的是,习近平主席这么快就回信了。

伟大的共产主义战士王杰

看来这个"王杰班"确实非同一般。我们先来认识一下王杰吧。

王杰1942年出生在山东省金乡县一个普通农民家庭。他在少年时代就特别崇拜英雄人物,最大的愿望就是参加解放军。1961年8月,王杰放弃了读高中的机会应征入伍,被分配到当时的济南军区某部工兵营第1连。

王杰所在的部队是一个坦克师。看到战友们一个个开上了坦克,威风凛凛，而自己念过八九年的书，现在竟成了个抡大锤的工兵，他一度感到很失落，想改行开坦克。指导员知道后，让他带着这个问题学习《为人民服务》《纪念白求恩》等文章，张思德、白求恩的事迹深深感动了他，很快他就打消了不愿当工兵的想法。

他处处以雷锋为榜样。冬训时，他带头跳进结冰的水里打桩架桥；行军中，他主动关心战友，帮助新同志扛枪、背背包；工地上，哪里有重活，他就奔向哪里。入伍不到半年，王杰就加入了共青团，并连续3年被评为"五好战士"，两次荣立三等功。

王杰还学习雷锋养成了记日记的习惯，当兵4年，写下了23本、总计超10万字的心得日记。他写道："要一不怕苦，二不怕死。做一个大无畏的人。"

1965年7月上旬，王杰所在部队到江苏省邳县（今邳州市）驻训。县武装部领导请求部队选派教练员帮助训练民兵地雷班。王杰作为一级技术能手被派遣。

7月14日清晨，他来到公社民兵训练场，现场为12名民兵讲解示范最后一项训练科目——地雷实爆。他捆好炸药包，将导火索、雷管、拉火管连在一起，然后把雷管插入炸药包中。民兵们在他身边围成一圈听他讲解。突然，意外发生了——拉火管发生自燃，火星滋滋地喷溅着。情况万分危急，燃爆只有短短的3秒时间。他知道，这时只要自己的身体向后一仰，就可以脱离危险，但在场的民兵没有受过训练，不知如何是好。

刹那间，王杰大声喊道："快闪开！"与此同时，他纵身跃起，扑向炸药包，用身体把炸药包完全盖住。炸药包爆炸了，王杰壮烈牺牲。他用自己的粉身碎骨换来了在场12名民兵的安全。

根据王杰生前的愿望，部队党委追认他为中国共产党正式党员。11月，国防部命名王杰生前所在班为"王杰班"。

在23年的人生中，王杰留下了无穷的精神财富。正如习近平主席所强调的：王杰精神过去是、现在是、将来永远是我们的宝贵精神财富，要学习践行王杰精神，让王杰精神绽放新的时代光芒。

10. 张海迪："当代保尔"

既然是颗流星，就要把光留给人间，把一切奉献给人民。

这段话出自1983年《中国青年报》刊载的张海迪自述《是颗流星，就要把光留给人间》，在全国引起强烈反响。编辑部和张海迪本人收到2000多封读者来信。从此，张海迪为越来越多的人熟知，并获得两个美誉，一个是"八十年代新雷锋"，一个是"当代保尔"，成为继雷锋之后、改革开放以来出现的又一个青年典型。

张海迪1955年9月出生于山东省文登市一个知识分子家庭。小时候她跟其他的孩子一样快乐而活泼。5岁那年，有一天她突然跌倒了，从此，双腿失去了知觉。医生给出的诊断结果是张海迪患上了一种罕见的病——脊髓血管瘤。之后的五年，张海迪做了好几次大手术，最后高位截瘫，2/3肢体失去知觉。

15岁时，张海迪随父母来到山东莘县的农村。在这里，她看到群众缺

身残志坚的张海迪

医少药带来的痛苦，便萌生了自习医术为群众解除病痛的念头。于是，她用自己的零花钱买来医学书籍、体温计、听诊器、人体模型等，努力研读了《人体解剖学》《针灸学》等书，并在自己身上反复试针。短短三年，她居然成了当地年轻的"名医"，为群众无偿治疗达上万人次，并与他们结下了深厚的友谊。回县城那天，全村的人都来送行，队伍排得长长的。

长大成人后，张海迪面临的最大问题是找工作。她四处报名，四处写信，要求工作。但是，一次次都被回绝了。在劳动局，张海迪几乎是乞求着："我不要工资，我只要有个工作，不管干什么都行……"

可是，她连为社会作贡献的机会都得不到。这撕心裂肺的痛苦，超过任何一次大手术。

她甚至想到了死。

她想起了保尔在海滨公园准备自杀的情景……假如那扳机一扣，就不再会有《钢铁是怎样炼成的》了……保尔战胜了自己，放弃了轻生。

她终于走出低谷，重新迎来生命的春天。正如她所说：战胜消极悲观，你就是生活的强者。

后来，张海迪被分配到城关医院工作。有个老同志拿着一瓶进口药，请她翻译一下英文说明书。她连学校的门都没进过，怎么会懂得英语呢？于是，她开始自学英语。但是，张海迪从来没接触过外语，又没有老师教，实在太困难了。一个单词，背了3天还是默写错了。study，study……她一连写了几百遍，终于默对了。她自学完了小学、中学的全部课程，还自学了大学英语、日语、德语和世界语。

1983年，张海迪开始从事文学创作，先后翻译了《海边诊所》等数十万字的英文小说，撰写了《生命的追问》《轮椅上的梦》等作品。

张海迪的事迹在媒体上发布后，传遍祖国大地，感动了无数人。1983年3月7日，团中央授予张海迪"优秀共青团员"光荣称号，并作出向她学习的决定。邓小平亲笔题词："学习张海迪，做有理想、有道德、有文化、守纪律的共产主义新人！"

11. 李向群：与滔滔洪水殊死搏斗

从1996年开始，经中央军委批准，在全军连以上单位悬挂我军各时期共6位英模的画像，这6位英雄模范是：张思德、董存瑞、黄继光、邱少云、雷锋、苏宁。此后又陆续增加了4位，分别是李向群、杨业功、林俊德、张超。

李向群1978年出生于海南省琼山市东山镇。这里曾是著名的琼崖革命根据地。李向群从小就受到革命传统的熏陶。改革开放以后，他的家庭经历了从穷到富的变迁,他亲身感受到党的改革开放政策的伟大。

李向群上学时就是一个好学生。班里的桌椅坏了,他就自己从家里带来工具把它修好;街上堆着垃圾没人管,他就找小伙伴一起成立学雷锋小组,把垃圾清理掉;班里的同学生活上遇到困难,面临辍学,他就向班主任提出建议并带头为同学捐款。

1996年12月,李向群光荣入伍,来到原广州军区某集团军"塔山守备英雄团"第9连。新兵下连队不久,李向群就写了一份决心书,给自己提出了训练目标:5公里越野达到优秀,400米障碍跑达到良好,投弹达到优秀,射击达到良好。上半年考核时,李向群的训练成绩在全营新兵中名列第一,受到营嘉奖一次。年终考核,李向群又获得军事训练满堂红,并被评为优秀士兵。

1998年夏,长江发生了全流域性特大洪水,多处水位超过历史最高值。人民子弟兵奉命紧急出动,奔赴各地与洪水搏斗。

抗洪救灾英雄李向群(宣传画)

8月5日，李向群所在的部队接到紧急命令，立即赶赴湖北灾区。经过30多个小时，部队到达湖北沙市，立即奔上大堤抢险。8月7日下午，李向群随部队从沙市到达弥市镇。当天晚上，李向群怀着激动的心情，趴在背包上连夜写了一份入党申请书，并于第二天早上郑重地交给指导员，请求党支部在"水线"上考验自己。

连队在开会确定突击队员名单的时候，规定只有党员和骨干才能参加，李向群大着胆子闯进会场，强烈要求参加，最后组织同意了他的请求，让他加入了突击队。

8月13日上午，李向群和战友们赶到太坪口幸福闸附近堤段，排除管涌险情。面对汹涌的江水，他主动请缨，两次潜入水底，最终找到了管口，排除了险情。

8月14日中午，这是李向群一生最难忘的时刻：他和其他9名战友光荣地加入中国共产党，成为第一批"水线"入党的战士。他举起右手，庄严宣誓："人在堤在，誓死保卫大堤！"

8月16日，他和战友们连夜奋战。

8月17日，他感冒发烧，偷偷领了点儿药带病坚持上堤。

8月19日，他发烧依然没退，昏昏沉沉地扛着沙袋撞到了指导员，指导员要求他休息，他死活不肯，直到晕倒在大堤上，被送进了卫生队。

8月21日，他再次带病上堤，被战友们推下去休息，可是一会儿又出现在大堤上。他扛着沙袋，双腿打战，额头直冒汗，但是一直咬牙坚持，终因疲劳过度，一头扑倒在大堤上，口吐鲜血，昏死过去。后经多方抢救无效，李向群于第二天壮烈牺牲，年仅20岁。他的一部分骨灰撒入了长江，永远护卫着长江大堤。

李向群牺牲后,他的父母亲来到他所在的部队抗洪前线,并留下来替儿子抗洪。父亲睡在李向群生前的床铺上,穿上他穿过的迷彩服、救生衣,他的母亲默默地为官兵们洗补衣服、洗菜煮饭。李向群父母的举动感动着每一个官兵。

时任中共中央总书记、国家主席、中央军委主席江泽民称赞李向群"用生命谱写了壮丽的人生凯歌",还签署中央军委命令授予李向群"新时期英雄战士"荣誉称号。他生前所在的班被广州军区命名为"李向群班"。1999年4月2日,中国共产主义青年团中央委员会、中华全国青年联合会追授李向群中国青年五四奖章。

12. 秦文贵:扎根基层,拼搏奉献

1978年8月的一天中午,在河北省平山县一个小山村的田里,一个青年正在埋头干活。这时,匆匆走过来一个人,冲着青年大喊:"别干了!你小子考上大学了!"一身泥土、头戴草帽的青年一下子愣在了那里,不断地自言自语:"我考上大学了?……"

这个青年叫秦文贵,他的班主任跑来把这个喜讯告诉他。这是中断了11年之后的第一次高考,570万考生中只有27万人录取,秦文贵是其中的幸运者之一,也是村里恢复高考后的第一个大学生。

几十年后,秦文贵的身上拥有了一堆头衔:首届中国青年五四奖章获得者、全国劳动模范、1999年共青团中央树立的"当代青年榜样""100位新中国成立以来感动中国人物""最美奋斗者"等。

工作中的秦文贵（中）

1982年，21岁的秦文贵从华东石油学院毕业，被分配到全国海拔最高、生活最苦的青海油田一个叫"花土沟"的地方。临行前，秦父戴着老花镜特意在地图上寻找"花土沟"，虽然最终没找到，还是嘱咐他："你是公家人了，不管在哪里，去了，就要对得起咱们的国家。"

柴达木盆地是我国矿产资源的"聚宝盆"，但是环境极其恶劣，人称"天上无飞鸟，地上不长草，风吹石头跑"。有人调侃："你想到月球上去观光吗？你想了解月球的荒凉吗？请到柴达木来。"经过三天火车、两天汽车的长途颠簸后，秦文贵终于到达目的地。

秦文贵所面临的困难和艰苦，大大超出了他的想象。当时那里能称得上房子的只有几间泥坯房，多数职工住帐篷。有些人干脆在荒滩上斜着挖一个坑，支上废钻杆，铺上油毛毡，再撒上些沙子，就入住了。这种住所俗称"地窝子"。据说刚来时，秦文贵常被从地窝子钻出来的人埋怨，因为他踩到人家的"房顶"了。

他虽然是大学毕业生,却要从干"杂活"开始:扫钻台、擦机器、收工具、打吊钳……白天忙了一天,晚上却睡不着觉,还总流鼻血。别人告诉他,这叫高原反应。

有一天夜里,油井发生井喷,情况非常危急。秦文贵跟着工友们直接跳进齐腰深的泥浆中,加入抢修管线的队伍中。天亮时,井喷终于被制服了。

工作第5年,秦文贵入了党。通过刻苦钻研,他练就了一套过人的本领:看板房的灯光明暗,就知道井上启动了什么电机设备;听钻机的声音异常,就可判断出井下哪个环节出了问题。除此之外,如果说他还有与多数工人不一样的地方,就是自费订阅《中国日报(英文版)》,长年坚持用英语记工作日记,课余时间从不放松对英语的学习。

第8年,他当上了钻井队队长兼工程师。

1992年2月,秦文贵被选派到加拿大卡尔加里大学学习。这里的一切都让他感到新鲜,他上午学习,下午到石油公司跟班作业。他提交的毕业论文受到导师所在公司董事长的高度赞赏,并向他抛出了橄榄枝。出乎多数人的意料,秦文贵却没有接受,毅然回到了柴达木盆地。

1998年3月,秦文贵担任钻井处处长,成了油田钻井试验工作主管部门的领导。他常常与技术人员深入生产第一线,并取得多项研究成果。例如,他主持的"尕斯油田深井简化技术套管程序"研究项目,使每口井节约技术套管2500米。

2002年后,秦文贵调到中国石油天然气集团有限公司华油集团任职,继续在工作岗位上奉献自己的力量。

13. 宋彪：参加世界技能大赛，捧回"金牌中的金牌"

2017年10月，第44届世界技能大赛颁奖典礼在阿联酋首都阿布扎比举行。一名穿着黄色上衣和白色长裤、手举五星红旗的19岁小伙子，接过"阿尔伯特·维达"大奖金牌，面向观众激动地连声呼喊："中国！中国！中国！"

世界技能大赛素有"技能奥林匹克"之称，其最高奖"阿尔伯特·维达"大奖更是被称为"技能界诺贝尔奖"，在全球享有盛名。中国选手宋彪一鸣惊人，以大赛所有项目最高分捧回"金牌中的金牌"，成为首位获得该荣誉的中国选手，实现了我国选手参赛以来历史性重大突破。

勇夺世界技能大赛最高奖的宋彪（右二）

宋彪来自安徽省蚌埠市的农村。小时候的宋彪因为贪玩，一度沉迷于网络游戏，学习成绩一落千丈。2014年中考的时候，他没能考上理想的高中。父亲开导他，拿不好笔杆子就拿工具，无论怎样选择，都要对自己的未来负责。第一次尝到了人生失败滋味的宋彪，憋着"重新定义属于自己的'成功'"这一口气，来到了江苏省常州技师学院，就读机械工程系模具设计与制造专业。

第一个学期，因为基础知识太差，宋彪尽管很努力，成绩依旧不好：老师讲的专业知识好多他听不懂，而实践课上手较慢。宋彪给人的感觉总是有些"笨笨的"。

第二个学期开始后，宋彪想出了两条对策：听不懂，就问；上手慢，就练。于是，宋彪便化身"问询狂魔"，一有时间便"粘"住老师不放，成为老师办公室的"常客"。当同学们都聚在一起讨论打游戏的时候，曾经也是"网瘾"少年的他，悄悄地来到操作车间里，常常一待就是一整天，钳工、焊工、车工、铣工、工业装配等多项技能，一遍遍重复地练。

一分耕耘一分收获，付出总会有回报。经过一段时间的刻苦练习，宋彪的成绩突飞猛进。一年后，学校举办技能比赛，老师推荐宋彪作为选拔赛"编外"人员，与三年级以上同学一起参加比赛。尽管好多课程他还没学过，但他还是拿到了第二名的好成绩。

2016年6月，宋彪代表学校参加世界技能大赛全省选拔赛。在脖子不小心被电弧灼伤的情况下，他在40摄氏度高温的操作间废寝忘食地投入训练，成功夺得江苏省技能选拔赛第一名。接着，从六进三，到三进二，再到二进一，他拿下了全国技能大赛冠军，获得代表中国国家队征战世界技能大赛的资格。

2017 年 10 月，第 44 届世界技能大赛如期举行，来自 68 个国家和地区的 1260 余名顶级选手，会聚一堂。比赛共分 5 个模块，周期为 4 天共 20 个小时，比赛项目包括机械加工、焊接加工、液压系统安装、装配和检查、电气调试等。

比赛的前三天一切顺利。第四天，裁判告诉他，前一天少计了半小时。也就是说，原本 3 个小时的操作时间，被压缩到了两个半小时。这几乎意味着比赛注定要失败。

千万不能乱，宋彪在心里告诉自己。在等待的时间里，宋彪努力调整心态，重新制订计划，将任务的每一个细节在大脑中过了一遍。最终，他以 779 分的高分夺得金牌，鲜艳的五星红旗在赛场上高高飘扬。

宋彪载誉回国后，被授予"江苏大工匠"称号，并被破格晋升为高级技师，成为江苏省最年轻的副高级专业技术职称获得者。此后，他拒绝了不少高薪工作，留校任教，为培养新一代的技能人才而努力奋斗。

14. 苏炳添："跑得最快的亚洲人"

2021 年 8 月 1 日，东京奥运会男子百米赛场吸引了无数人的关注。

下午的半决赛中，中国选手苏炳添以 9 秒 83 的成绩打破亚洲纪录，顺利晋级决赛，成为首位闯进奥运会男子百米决赛的中国人。晚上的决赛中，他以 9 秒 98 的成绩，排名第六，完成了中国运动员在奥运会 100 米决赛跑道的首秀。随即，"苏神"的绰号不胫而走。

从 1932 年"中国奥运第一人"刘长春首次在奥运会男子 100 米预赛中

在赛场上一次次超越自己的苏炳添

亮相,到 2021 年苏炳添首次跻身奥运会 100 米决赛场,这一步用了整整 89 年。

苏炳添 1989 年 8 月出生于广东省中山市。上初中时,他为了逃避留校补课而参加学校的田径队。15 岁,苏炳添参加中山市中学生田径比赛,拿到男子 100 米第一名的好成绩。不久,苏炳添被中山市体育运动学校录取,开始接受专业训练,17 岁时成为广东省田径邀请赛的男子 100 米冠军。

18 岁时,苏炳添进入广东省队开始成为一名专业运动员,并师从中国田径第一个电子计时男子百米全国纪录创造者袁国强。第二年,苏炳添获得全国室内田径锦标赛的男子 60 米金牌,开始在国内田径界崭露头角。

在 2010 年第十六届广州亚运会男子 4×100 米接力决赛中,包括苏炳添在内的中国队夺冠,并刷新全国纪录和亚运会纪录,中国接力队时隔 20 年再度封王亚洲。此后,在多次亚洲和世界大赛上,苏炳添不断刷新成绩。

2012 年 8 月,在伦敦奥运会男子 100 米比赛中,苏炳添以 10 秒 19 的成绩名列小组第三晋级半决赛，成为中国短跑史上第一位晋级奥运会男子百米半决赛的选手。

苏炳添继续狂奔。在2014年波兰世界室内田径锦标赛男子60米大赛中，他在预赛和半决赛中分别跑出6秒58和6秒57的佳绩，成为第一位杀入世界大赛短跑决赛的中国选手，并以6秒52勇夺第四，创造了中国室内世锦赛短跑项目历史最好成绩。

2015年5月，在国际田联钻石联赛美国尤金站比赛男子100米决赛中，苏炳添以9秒99的成绩获得男子100米第三名，成为真正意义上第一位跑进10秒大关的亚洲本土选手。

这时，能不能突破所谓"百米极限时间"这一难题摆在苏炳添面前。

9秒85，一直被认为是亚洲人百米的极限时间。时隔6年后的东京奥运会，32岁的苏炳添做到了！9秒83，这一成绩对于亚洲人而言是划时代的，苏炳添由此被称为"跑得最快的亚洲人"。

成绩的背后，一方面是超常的训练和付出。体能训练强度大到让他想要呕吐，常年都是晚上10点就睡觉。另一方面是坚持科学训练。在东京奥运会前长达一年半的伤病期，他的教练团队一边为他治疗，一边利用更加科学的手段不断帮助他打磨各项技术细节。

就这样，经过艰苦的努力，苏炳添代表着"中国速度"，一路狂奔！

苏炳添也因此成为我国青年的楷模，2018年获第22届中国青年五四奖章，2020年当选中华全国青年联合会第十三届委员会常务委员会委员。

15. 杜富国：排雷英雄战士

2019年5月16日，第六次全国自强模范暨助残先进表彰大会在京举行。习近平总书记在人民大会堂亲切会见大会代表，向他们表示热烈的祝贺。只见现场一位军人用残缺的手臂向总书记敬上特殊军礼，空荡荡的袖子，在空中划出一道弧线。总书记左手握住他的手肘，右手轻拍其肩膀，致以亲切的问候。此情此景，令无数人为之落泪。

他就是陆军某扫雷排爆大队战士、被授予"排雷英雄战士"荣誉称号的杜富国。

1991年11月，杜富国出生于贵州省遵义市一个小山村。作为家里兄妹四人中的老大，他从小背着弟弟妹妹放牛、砍柴，看到邻里乡亲有需要帮忙的，总是主动上前。2010年12月，19岁的杜富国在湄潭县的红九军团司令部旧址旁，穿上绿军装，戴上大红花，成为云南某边防团的一名战士。

新兵下连一个月，他就破了一项记录，成为团里第一个在中缅边境某

排雷英雄杜富国

界碑处巡逻的列兵。他先后被5个单位选调，从事过4个专业，始终干一行、精一行，作为列兵时就被破格推荐参加预提指挥士官集训，晋升上等兵后担任副班长，多次获嘉奖，被表彰为"优秀士兵"。

在中越边境云南段老山一带，当年越战时埋的上百万枚地雷和其他爆炸物还遗留在地下。这里地雷种类多、数量大，被国际地雷界称为"世界扫雷难度最大的雷场"。战后虽然组织过两次扫雷，但由于排雷难度太大，无法彻底清除，雷区附近5万余名村民面临生命威胁。有的村民10年被炸了3次，有的村民被炸后身体里残存了弹片。

2015年夏，根据国务院和中央军委命令，杜富国所在部队组建扫雷大队，开展大面积扫雷行动。400余名勇士纷纷请缨出战，24岁的杜富国就是其中之一。

到了扫雷大队后的第二年，杜富国就入了党。有人问他为什么入党，他说："我入了党，就有资格走在前面挑担子，带头干！"成为排雷兵的3年里，杜富国出入雷场1000余次，排出了2400多枚地雷，处置各类险情20余起，可谓身经百战。

2018年10月11日下午，杜富国和他的搭档艾岩在坝子雷场执行排雷任务。他们身穿22斤重的防爆服，脚踏5斤重的防爆鞋，头戴4斤重的防爆头盔，弯着身子向前搜排。突然，杜富国查到一个弹体，马上用对讲机向分队长报告，在接到指示后，他对同组作业的艾岩说："你退后，让我来！"

正当杜富国小心翼翼地清除弹体周围的浮土时，突然意外发生了，"轰"的一声，巨大的冲击波让刚刚转身走出两三米的艾岩整个人都呆住了：杜富国躺在地上，满脸是血，胸前的扫雷服被炸成棉絮状，头盔护镜被炸裂，两个手掌当场被炸飞……

随后的3天3夜，历经5次大手术后，杜富国终于从死亡线上挣扎回来。年仅27岁的他永远失去了双手和双眼。

如今，杜富国基本上能够生活自理，还在学习播音、练字，并且每天坚持跑步并做平板支撑，甚至还学会了使用平板电脑。他的心态也开朗起来，当有小朋友问："叔叔，你的手怎么了？"杜富国还会开个玩笑："叔叔的手被怪兽吃掉了！"

2019年5月，中央宣传部授予杜富国"时代楷模"称号；同年9月，杜富国被授予"最美奋斗者"荣誉称号。

16. 黄文秀：全国脱贫攻坚楷模

2021年2月25日上午，全国脱贫攻坚总结表彰大会在北京人民大会堂隆重举行。在宣读全国脱贫攻坚楷模名单时，台下的一位老人在听到"黄文秀"的那一刻，眼含热泪，忍不住拿手按了按发酸的鼻根。

这位老人就是全国脱贫攻坚楷模黄文秀的父亲。一年多前，担任广西壮族自治区乐业县新化镇百坭村驻村第一书记的黄文秀从百色返回乐业途中遭遇山洪因公殉职，年仅30岁。

"感动中国2019年度人物颁奖盛典"给黄文秀的颁奖辞这样写道："有些人从山里走了，就不再回来；你从城里回来却再没有离开。来的时候惴惴，怕自己不够勇敢；走的时候匆匆，留下最美的韶华。百色的大山，你是最美的朝霞；脱贫的战场，你是醒目的黄花。"

黄文秀 1989 年 4 月出生在广西壮族自治区百色市的一个农民家庭。她家境比较困难，父母亲身体也不好，从小就努力上进，培养起自立自强的性格。

19 岁时，黄文秀到山西上大学。她积极向党组织靠拢，3 年后加入中国共产党。2013 年，黄文秀又考上北京师范大学的硕士研究生。

2016 年，黄文秀研究生毕业，面临去何处工作的选择。导师告诉她："以你的能力，留在北京没问题。"可最终出乎导师意料，她选择回到家乡。理由也不是什么豪言壮语，而是非常朴实的一句话："很多人从农村走了出去就不想再回去了，但总是要有人回来的，我就是要回来的人。"

于是，她作为优秀选调生，进入百色市委宣传部工作。为了完成脱贫攻坚任务，市里需要选派工作人员到村里当第一书记，黄文秀当场报了名。就这样，2018 年 3 月，黄文秀来到乐业县偏远的百坭村。

百坭村位于大山深处，山路陡峭，石山林立，是深度贫困村。

黄文秀初来乍到，又缺乏在农村开展工作的实际经验，面临的困难远远超出想象。当她拿着笔记本去村民家了解情况时，人家直接反问："你老是问这问那，有什么用？""你一个女娃，跟你说了能解决问题吗？"有的甚至连门都不开。

扶贫"第一书记"黄文秀

黄文秀向村里的老支书请教后，悟出了道理。她改变了工作方法，到贫困户家不再拿着本子问东问西，而是脱下外套帮助扫院子干农活；贫困户不在家，她就去田里，帮他们摘橘子或种油茶，一边干活一边唠家常；她甚至学着说方言交流。

工作局面很快打开了，村民开始接纳她，愿意与她交朋友。她走访了全村所有的贫困户，绘制了村里的"贫困户分布图"，把每一户的住址、家庭情况、致贫原因等都一一标注在笔记本中。

为了提高工作效率，她将私家车开到村里当工作用车。在驻村满一年之际，汽车仪表盘的里程数正好增加了25000公里。她简单地发了一个微信朋友圈，写道："我心中的长征，驻村一周年愉快。"

她带领村民开展基础设施建设，发展脱贫产业，甚至在微信朋友圈发农产品销售信息。2018年，百坭村88户贫困户实现脱贫，贫困发生率从她上任时的22.88%下降到2.71%。

2019年6月16日晚，电闪雷鸣、暴雨倾盆，黄文秀顾不得陪身患重病的父亲过父亲节，连夜返回百坭村。黄文秀在驾车返回乐业的途中遭遇山洪，不幸遇难。一路上，她还不断与村支部和村委会干部联系组织防灾救灾事宜。

她的生命永远定格在30岁。

其实，她也爱美、爱笑、喜欢穿裙子，会弹古筝，写得一手好字，有一点时间就专心致志地学画画。她只是一个普普通通的女孩子，却把自己的生命献给了党的伟大扶贫事业。

17. 梁小霞：奋不顾身奔赴抗疫最前线

2019年底，一场突如其来的新冠肺炎疫情肆虐而来。2月28日，一条来自武汉抗疫一线的消息牵动着大家的心：当天上午9点30分，广西援助湖北医疗队的一名护士因过度劳累突然晕倒。大概5分钟后，她被值班的保洁人员发现，经紧急抢救后恢复心跳呼吸。这名护士叫梁小霞。

1个多月后，国家派医疗专机护送梁小霞回南宁继续治疗。

在昏迷两个多月后的5月26日，虽经全力救治，梁小霞最终还是不幸去世。

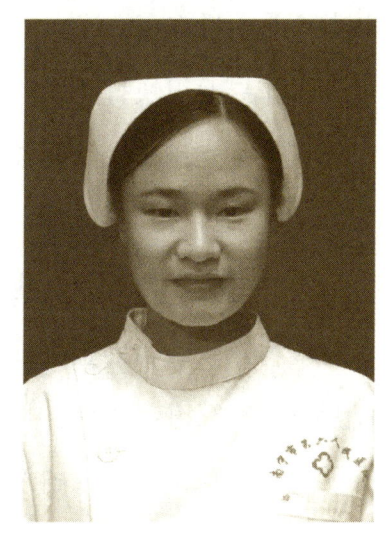

抗疫烈士梁小霞

梁小霞牺牲后，被评定为烈士，被共青团中央、全国青联授予第25届"中国青年五四奖章"等荣誉称号。网友们表示非常痛心，纷纷留言："谢谢你为武汉拼过命，谢谢你的逆行换来今天的光明！"

梁小霞1992年1月出生在广西南宁横县，父亲身体不好，仅靠母亲在家务农度日，妹妹和弟弟都在读书，家庭生活困难。她从小学习努力，成绩优异，从县重点高中毕业后考入广西医科大学护理学院，2015年毕业后进入南宁市第六人民医院工作，成为一名内科护士。

湖北武汉疫情发生后，全国各地纷纷组建支援医疗队驰援。医院支援湖北的倡议书一发出，梁小霞立即向院党委递交了"请战书"，主动报名要求成为第一批援鄂队员。院党委考虑到她的家庭实际情况，婉拒了她的请求。

后来在她的一再请求下，院领导同意让她加入援鄂预备队。在医院组织的培训中，她认真听讲，反复练习，仔细体会，确保掌握与新冠肺炎相关的理论知识和技能。

2月19日晚，院党委同意梁小霞作为援鄂队员出征武汉。出征前，她写下入党申请书。

2月21日晚，她和队友们抵达武汉，立即投入工作。

23日，她参加了紧张的培训。

24日晚，她接到进入重症病区开展救治工作的通知，迅速穿上人生第一片成人尿不湿，作好迎战准备。

重症病区的工作最为艰苦。闷热的防护服，双层鞋套，双层帽子，厚厚的N95口罩，3层手套，紧绷的护目镜，即使坐着不动，已经让人难以忍受。从患者吃喝拉撒、清理口腔等生活护理，到呼吸机参数的调节、心电监护等技术性的操作，梁小霞认真细致地做好每项工作，一个夜班下来连板凳都没坐下过。防护服被汗水浸透，头发也已经湿透，她的脸上布满了伤痕和勒痕。

2月28日凌晨5点，天刚亮，梁小霞已经穿戴整齐，坐上前往协和医院西院的专车。在车上，她还在队员微信群里细心地交代队员："大家吃东西注意……辛苦大家！"万万没想到，这是她留给大家的最后一段话。

世上没有从天而降的英雄，只有挺身而出的普通人。梁小霞正是这样一个挺身而出的普通人。

18. 新时代卫国戍边英雄群体:"清澈的爱,只为中国"

2020年6月,高原深处的加勒万河谷地区发生了一场激烈的军事冲突,我军官兵与数倍于己的外军展开殊死搏斗,随后增援队伍及时赶到,一举将来犯者击溃驱离。这次冲突,我军涌现出一个英雄群体——新时代卫国戍边英雄群体,其中的突出代表包括:团长祁发宝,被中央军委授予"卫国戍边英雄团长"荣誉称号;营长陈红军,被中央军委追授"卫国戍边英雄"荣誉称号;战士陈祥榕、肖思远、王焯冉,被中央军委追记一等功。

2020年4月以来,有关外军严重违反两国协定协议,单边改变现状,跃过什约克河,从加勒万河口向河谷纵深修建简易公路,蓄意挑起事端,试图单方面改变边境管控现状。

5月,面对外军越线寻衅滋事,我军立即上前制止,坚决逼退越线人员。陈祥榕在日记中自豪地写道:"面对人数远远多于我方的外军,我们不但没有任何一个人退缩,还顶着石头攻击,将他们赶了出去。"

此后,外军继续越线搭设帐篷。为了保持边境地区和平安宁,我方保持克制忍让,按照处理边境事件的惯例和双方之前达成的约定,团长祁发宝仅带几名官兵,蹚过齐腰深的河水前去交涉。

交涉过程中,对方无视我方诚意,早有预谋地潜藏、调动大量兵力,企图凭借人多势众迫使我方退让。

面对黑压压一片涌上来的外军,祁发宝毫不畏惧,张开双臂挡在他们面前,大声呵斥:"你们破坏共识,要承担一切后果!"同时组织官兵占据有利地形。

官兵们组成战斗队形,与数倍于己的外军对峙。对方用钢管、棍棒、石块发起攻击。祁发宝受到重点攻击,头部遭到重创。

见此情景,陈红军带人立即突入重围营救团长,陈祥榕作为盾牌手战斗在最前面,摄像取证的肖思远也冲到前沿投入战斗,展现了一幅团长顶在最前面阻挡外军、营长救团长、战士救营长、班长救战士的动人画面。

增援队伍及时赶到,来犯者被击溃驱离。外军为此付出了惨重代价。

在加勒万河谷后方约270公里处,是中国海拔最高的烈士陵园——康西瓦烈士陵园。2020年8月,这里又新添了4名英魂。他们是在这次战斗中英勇牺牲的陈红军、陈祥榕、肖思远、王焯冉。

2020年6月,外军悍然越线挑衅,陈红军、陈祥榕、肖思远、王焯冉4名官兵英勇牺牲。

祁发宝是甘肃省武威市人。1997年参军入伍。他爱军习武、精于作战指挥，执行任务时十几次与死神擦肩而过。2015年曾获第19届中国青年五四奖章。

陈红军是甘肃省陇南市两当县人，2009年从地方大学毕业，本已通过公安特警招录考试，可听说要征兵就临时"变卦"了，最终走进军营。

陈祥榕是福建省宁德市屏南县人，2001年出生，2019年入伍。在这次战斗结束清理战场时，有人发现一名战士紧紧趴在营长身上，保持着护住营长的姿势。这名战士，正是陈祥榕。在他写的战斗口号中，有这样一句："清澈的爱，只为中国。"

肖思远是河南省新乡市延津县人，2016年在校入伍。他的钱包里一直珍藏着女朋友的照片，牺牲当天还憧憬着跟女友一起的未来。

王焯冉是河南省漯河市人。执行任务前在信中写道："爸妈，儿子不孝，可能没法给你们养老送终了。如果有来生，我一定还给你们当儿子，好好报答你们。"

如今，我军重新控制了加勒万河口和附近山顶。我边防官兵始终牢记卫国戍边神圣使命，时刻保持高度戒备状态，做好长期斗争准备，坚决捍卫祖国领土和主权完整，坚决维护边境地区和平安宁。

历史是最好的教科书。一百年来，在中国共产党的领导下，中国共青团领导广大青年不畏艰险、不怕牺牲、不懈奋斗，在中国革命、建设和改革的各个历史时期作出了积极贡献、发挥了重要作用，同时也积累了许多优良传统和宝贵经验。作为新时代的团员青年，要不忘初心、牢记使命，把红色基因传承好，在新时代新征程上续写新的华章。

1. 始终坚持党的领导

共青团从诞生之日起，就以党的旗帜为旗帜、以党的意志为意志、以党的使命为使命，把坚持党的领导深深融入血脉之中，形成了区别于其他青年组织的根本特质和鲜明优势。建团初期，由于当时党的活动处于秘密状态，而团的活动是公开或半公开的，因此党的有些工作是用团组织的名义来开展的。这样一来，在事实上就造成"党团不分"的工作局面。随着党团组织各自独立地开展工作，党团关系问题就自然地显现出来。为了从根本上解决这一问题，团二大首次用"决议案"的形式对党团关系问题作了明确的规定，要求青年团在政治上要完全服从共产党的主张，为团组织今后工作的健康发展指明了方向。

共青团是在党的缔造和领导下成长起来的。党的早期组织成立不久，便由成员中的年轻同志出面成立了团的早期组织。党正式成立后，便着手团的各项创建工作。可以说，共青团是共产党一手缔造的。一百年来，在革命、建设、改革的各个历史时期，共青团始终以党的政治纲领为奋斗目标，以党的指导思想为行动指南，以党的中心任务为神圣使命，"党有号召，团有行动"，团结并带领广大团员青年坚定不移地听党话、跟党走，作出了积极贡献、发挥了重要作用。历史充分证明，坚持党的领导是共青团组织与生俱来的血脉基因，是共青团事业不断从胜利走向胜利的根本保证，是共青团始终不能变、永远不能丢的政治灵魂。

共青团事业是党的事业的重要组成部分。中国共产党是领导共青团事业的核心力量。中国人民和中华民族之所以能够扭转近代以后的历史命运、取得今天的伟大成就，最根本的是有中国共产党的坚强领导。中国共产党的领导是中国特色社会主义最本质的特征，是中国特色社会主义制度的最大优势。党通过总揽全局、协调各方，把各种政治力量、经济力量、社会力量汇聚起来，承担起对人民的全面责任，推动着中国特色社会主义各项事业全面发展。

2008年北京奥运会期间，青年志愿者的微笑成为中国最好的名片。

把政治建设摆在首位。一个组织的属性,决定了它的初心,决定了它的使命。共青团的政治属性,源自坚定不移跟党走的初心,源自为党和人民不懈奋斗的使命。共青团用100年跟着党奋斗的事实和行动,庄严而坚定地宣示着自身的政治属性。习近平总书记进一步指出,"团的所有工作,归结到一点,就是要当好这个助手和后备军"。在新时代,共青团的全部工作和建设,都要从这一政治属性出发,都要围绕这一政治属性展开,在任何时候、任何情况下都不迷失自己的政治定位。

2. 始终坚持理论武装

解放战争时期,人民解放军中有一个奇特现象,就是俘虏兵特别多。这部分俘虏兵用一个专有名词来说就叫"解放战士"。多数连队补充的"解放战士"达到一半以上,有的连队80%以上都是"解放战士",队伍一集合,看上去黄黄的一片。"解放战士"被俘虏过来后,不少人身上的国民党军的黄军装都没来得及换,就掉转枪口参加解放军对国民党的作战。那么,解放军是如何做到这一点的?

从根本上说,靠的是用革命理论武装人的头脑。"解放战士"来到解放军后,通过老的"解放战士"的现身说法、翻身农民战士的言传身教等,很快被感化了,真正成为人民子弟兵的一员,有的还成为战斗英雄。理论武装是我们党革命成功的奥秘之一,也是百年团史的一条重要经验。

从革命理论中能取得一切信念。革命理想高于天。如果没有坚定的理想信念,中国革命无论如何是不可能取得胜利的。理想信念不是凭空产生的,而是源自革命理论。中国共产党从诞生之日起，就把马克思主义鲜明地写在自己的旗帜上。马克思主义哲学深刻揭示了自然界、人类社会和人类思维发展的普遍规律，散发着真理的力量。为此，一代代中国共产党人视追寻这样的真理为理想，以实践这样的真理为信仰，在生死考验面前赴汤蹈火、视死如归，发出了"敌人只能砍下我们的头颅，决不能动摇我们的信仰""试看将来的环球，必是赤旗的世界"等豪言壮语。

百年团史就是一部理论武装史。 团二大通过的《教育及宣传决议案》提出"教育工作是本团根本工作之一"，对青年工人、农民、学徒的教育内容、形式、方法等作出具体规定，并对团员的教育提出明确要求。新中国成立后，团的理论武装逐步走上常态化、制度化。1958 年，共青团三届三中全会通过了《关于组织广大青年学习马克思列宁主义、学习毛泽东著作的决议》，各地团组织按照决议要求，在青年中掀起了学习热潮。当年，参加学习活动的青年约有 1000 万人，到 1960 年 2 月，参加学习活动的青年上升到 2000 万人。改革开放以来，团中央先后组织广大团员青年积极开展学习贯彻邓小平理论、"三个代表"重要思想、科学发展观等党的创新理论，把理论武装工作推向深入。

当前，最根本的是用习近平新时代中国特色社会主义思想武装全团。 理论创新每前进一步，理论武装就要跟进一步。党的十八大以来，中国特色社会主义进入新时代。以习近平同志为主要代表的中国共产党人，深刻总结并充分运用党成立以来的历史经验，从新的实际出发，创立了习近平新时代中国特色社会主义思想。习近平新时代中国特色社会主义思想是当代中国马克思主义、21 世纪马克思主义，是中华文化和中国精神的时代精华，实现了马克思主义中国化新的飞跃。恩格斯指出，一个民族要想站在科学的最高峰，就一刻也不能没有理论思维。在今天，在当代中国，从党和国家指导思想的层面来说，这个理论思维就是习近平新时代中国特色社会主义思想。新时代的团员青年，要自觉深入学习贯彻习近平新时代中国特色社会主义思想，切实增进对这一思想的政治认同、思想认同、情感认同，在学懂、弄通、做实上下功夫，做到学、思、用贯通，知、信、行统一，用这一思想来武装头脑、指导实践、推动工作，向着民族复兴的伟大目标迈进。

3. 始终坚持爱岗敬业

团的所有工作，归结到一点，就是要当好党的助手和后备军。团员青年分布在各行各业，有的在工厂做工，有的在乡村务农，有的在学校学习……当好党的助手和后备军，首先就要立足本职，把自己的工作干好，努力在本职岗位上发光发热、建功立业，只有无数青年一起拼搏与付出，才能汇聚起强大的时代洪流，把我们共同的事业推向前进。

干一行爱一行。 小时候，我们很多人都听过一个故事：一只猴子下山，来到一片玉米地，摘了几个玉米。它走着走着，看到桃子，就丢了玉米去摘桃子；看到西瓜，就丢了桃子去摘西瓜。后来，看到小兔子，它就丢了西瓜去追兔子……最后什么也没得到。在工作中，我们可不能跟这只猴子一样，心浮气躁，学一门丢一门，干一行弃一行，最后竹篮打水一场空。

雷锋一生虽然短暂，但是他干过很多不同的工作，先后担任乡政府通信员、县委公务员、农场拖拉机手、工厂车间推土机手、运输连驾驶员等。

他就像一颗螺丝钉一样，到了哪里就钉到哪里，而且无论从事什么工作，他都满腔热爱、全心投入，在平凡的岗位上做出了不平凡的业绩。

雷锋向战友介绍汽车节油的经验。

雷锋一有时间就给孩子们读书。

团员青年无论从事什么工作，都要干一行、爱一行、钻一行。在工厂车间，就要弘扬"工匠精神"，精心打磨每一个零部件，生产优质的产品；在田间地头，就要精心耕作，用汗水换来大丰收；在商场店铺，就要笑迎天下客，童叟无欺，提供优质的服务……只要肯努力，肯钻研，肯拼搏，在平凡岗位上也能书写不平凡的人生华章。

练就过硬本领。早在延安时期，毛泽东就讲过："我们队伍里边有一种恐慌，不是经济恐慌，也不是政治恐慌，而是本领恐慌。"所谓"本领恐慌"，是指面对新形势、新环境、新任务和新目标的挑战，担心自身素质不适应，欠乏知识和技能而产生的惶恐不安的情绪。

面对本领恐慌，唯一的出路就是学习。一种是向书本学。延安时期，抗日军政大学学员的学习和生活条件十分艰苦，"认字就在背包上，写字就在大地上，课堂就在大路上，桌子就在膝盖上"。就是在这样艰苦的环境下，一大批能文能武的优秀抗日干部从这里走了出来，创造了"抗大抗大，越抗越大"的军事教育史的奇迹。当今的在校学生，"恰同学少年，风华正茂"，有老师指点，有同学切磋，有浩瀚的书籍引路，可以心无旁骛地求知问学，更应该珍惜时间、如饥似渴地学习。

另一种是在实践中学。战争时期，共产党军队的干部多数没有接受过正规军事教育，然而最终打败了受过正规军事教育的国民党军官率领的军队。其中的秘诀就在于他们秉持"从战争中学习战争"的法则，在斗争实践中不断提高本领。现在的团员青年，多数理论知识比较丰富，文化水平也比较高，而基层经历、实践经验相对不足，更需要在实践中学习，到群众中历练，不断提高自身本领。

勇于创新创造。团员青年处于一生中最有活力、最有创造力的阶段，体能、精力、记忆力都是最强的，在这一人生的黄金期，是最有可能为社会、为人类作出巨大贡献的。爱因斯坦26岁就提出狭义相对论，10年后又提出广义相对论，成为世界著名科学巨匠。在我国，青年一代正在成为科学研究的"主角"，很多国家重点项目科研团队平均年龄较低，比如北斗卫星导航系统团队核心人员平均年龄 36 岁，神舟载人航天和嫦娥探月团队平均年龄 33 岁，天问一号控制团队平均年龄只有 35 岁。

一代代中国航天人用无可比拟的青春力量，在托举"嫦娥"的漫漫长路上，写下崭新的中国探月故事。

对青年来说，首先要树立勇于创新、敢于创造的勇气。实际上，创新并不神秘，各行各业随时随地都有创新的可能，突破常规解决问题也是一种创新。我国原国家领导人李瑞环，木工出身，只上过几年学，年轻时是北京的一名建筑工人。1958 年夏天，他担任"木工青年突击队"队长，参与人民大会堂施工建设，工程指挥部交给突击队一项急活——在 8 天内制作一段 200 米长的屋顶外檐模板。凭着一股钻劲儿，他研究出一套木工简易计算法，一举解决了被行内号称"放样技术高不可攀，不放大样除非鲁班"的难题，因此被誉为"青年鲁班"。

矢志艰苦奋斗。无论是革命岁月、建设时期，还是改革年代，我们都能看到朝气蓬勃、高扬梦想、矢志奋斗的青年形象：长征路上爬雪山、过草地的青年战士，抗战时期奔赴延安的爱国青年，改革开放后以知识报国为己任的新一代青年。

征途漫漫，唯有奋斗。前进路上纵有千山万水、千难万险，只有一个字可以解决：干。现在，我国已经全面建成小康社会，国民生产总值达到世界第二，这些成就都是靠包括广大团员青年在内的劳动者干出来的。当然，奋斗就要吃苦，就会有牺牲。长征途中，广大指战员不怕艰难困苦，留下了半条被子的故事、半截皮带的故事、一块羊肝的故事。电影《长津湖》中，美军南逃沿途被这样的情景震惊：一排排志愿军战士俯卧在零下40摄氏度的阵地上，手握钢枪、手榴弹，保持着整齐的战斗队形和战斗姿态，仿佛是跃然而起的"冰雕"群像。时代在发展进步，当代的团员青年再也不用像先辈们所经历的那般牺牲自我，但是艰苦奋斗的精神是不会过时的。

长津湖战役中，一个名叫宋阿毛的烈士写下这样的遗书："我是一名光荣的志愿军战士。冰雪啊，我决不屈服于你，哪怕是冻死，我也要高傲地耸立在我的阵地上！"图为《长津湖》电影剧照。

4. 始终坚持团结青年

早在两千多年前，孔子就说："后生可畏，焉知来者之不如今也？"他的意思是说，年轻人是可敬畏的，怎么知道他们将来赶不上现在的人呢？青春孕育无限希望，未来属于青年一代。共青团是党领导的群团组织，也是青年人自己的组织。一百年来，共青团始终把青年安危冷暖挂在心上，发挥组织优势，调动社会资源，千方百计为青年排忧解难，使团组织成为广大青年遇到困难时想得起、找得到、靠得住的力量。

关心青年成长。百年来，我们党始终高度重视青年、关怀青年、信任青年，对青年一代寄予殷切期望。毛泽东曾把青年比作"早晨八九点钟的太阳"，指出"世界是你们的，也是我们的，但是归根结底是你们的"，对青年的关心溢于言表。革命时期，虽然条件非常艰苦，但共青团对青年的工作和生活非常关心，要求各级团组织对青年工人、学徒、店员等的生活状况及需求细致调查并认真统计，通过各项措施提高青年农民及士兵的生活水平，增加青年雇农工资等。建设时期，共青团注重分析与解决关乎青年人切身利益的各项问题，如健康问题、职业发展问题、体育与娱乐问题、学习科学知识与提高文化素养问题、学费与贷款问题、学习方法与考试问题、家庭问题、工作与学习如何兼顾问题等，使青年人健康成长，找到人生的方向与目标。20世纪80年代末，团中央发起希望工程活动，为改善贫困地区基础教育设施，救助贫困地区失学少年发挥了巨大作用。党的十八大以来，习近平总书记十分关心青年人的成长与进步，多次出席活动，与青年谈心，给青年回信，强调要着力帮助青年解决成长成才、就业创业、身心健康等方面的实际困难，多为他们办实事、办好事、解难事，反映好青年呼声，努力为青年圆梦创造良好环境。

服务青年发展。 在服务青年学习成才方面，共青团顺应时代要求，积极发挥作用；要求广大青年趁年轻好好学习科学文化知识，通过团校或短期训练班读书识字，脱离文盲、半文盲、迷信、不卫生的状态；把马克思主义理论作为青年政治理论学习的重点，学习科学文化、掌握生产技术，提高青年政治觉悟，满足革命和生产建设需要；各级团组织广泛开展读书活动，引导青年"既要读万卷书，又要行万里路"，把学习书本知识与投身社会实践相结合，在实践中受锻炼、长才干；开展"青年大学习"活动，通过构建"导学、讲学、研学、比学、践学、督学"相结合的学习体系，在广大青年中持续兴起学习宣传贯彻习近平新时代中国特色社会主义思想的热潮，使党的创新理论在青年心中扎根筑牢。

在促进青年就业创业方面，青年团扎实有效地展开工作，一是号召广大青年"要做一个螺丝钉"，在实际工作岗位上钻到业务里面去，为增加产量、提高质量、爱护机器和节省材料而努力，争做生产模范；二是以下岗失业青年、城镇新增青年劳动力、农村富余青年劳动力为重点，抓好就业引导、就业培训、就业服务等环节，帮助青年转变就业观念，提高就业能力；三是积极主动面对不断涌现的新产业、新模式、新业态，倡导"大众创业、万众创新"，使一大批青年创客脱颖而出。

在帮助困难青年群体方面，各级团组织把他们的安危冷暖时刻挂在心上，多方位展开帮扶工作：一是通过开展济困助学、勤工助学、就业见习等活动，帮助家庭经济困难学生完成学业，使失学少年重返课堂；二是为农村贫困青年提高增收能力，拓宽增收渠道，为进城务工青年解决技能培训、子女教育、权益保护等方面的困难；三是关爱农村留守未成年人、零就业家庭子女、社区闲散青少年和孤残青少年，为他们提供情感关怀、学习指导和生活扶助。

关注新兴青年群体。随着我国经济社会持续发展，各种新的职业形态、职业身份层出不穷，各种新兴领域青年群体不断涌现。今后，新兴领域青年数量还将呈现上升趋势。他们当中有很多在某一专业领域能力突出，拥有一大批粉丝，很有号召力。团组织要通过沟通交流，加强关心关注，创新工作方法，建立工作机制，把青年中思维活跃、影响力广泛的这部分群体团结好、引领好。

加强各族青年团结。中国革命的胜利，离不开包括各族青年在内的各方面力量的参与和付出。长征的时候，红军无论走到哪里都严格执行党的民族政策，遵守群众纪律，尊重少数民族的风俗习惯，也得到了他们的热心支持和帮助。许多少数民族青年毅然参加了红军，壮大了革命队伍。

我国是一个多民族的国家。加强各族青年的友谊和团结，对于增进中华民族的和睦友爱具有重要的意义。共青团在广大青年中广泛地进行民族团结教育，尊重各民族的风俗习惯和文化传统，树立互相学习、互相帮助的兄弟关系，推动各族青年互动交流。同时，积极培养少数民族青年干部，充分发挥他们在推动民族地区经济社会发展中的作用。

广交各国青年朋友。青年既是传统友谊的传承者，也是友好合作的生力军。一直以来，共青团坚持育人导向，从各个方面加强青年的国际交流意识，给他们提供多元交流的舞台：一是引导青年广交朋友、深交朋友、交好朋友，不断挖掘和积累友好人脉，注重国内青年对外交流人才的培养，引导青年参与国际交流活动，促进青年知国情、知世情、长才干；二是充分发挥青年的主体作用，发挥青年的创新精神，尊重青年的参与意识，给青年以足够的培训和施展才智的空间，增强他们的国际交往能力；三是善于运用新媒体引导青年，使用微信公众号、微博等多种渠道，及时发布消息，与青年广泛互动，向广大青年传播交流经验和技能。

5. 始终坚持从严治团

在推进全面从严治党的进程中，以习近平同志为核心的党中央始终关心共青团的建设，强调共青团员与共产党员在政治上的要求是一样的，要求切实落实从严治团。共青团要对标全面从严治党要求，坚定深化改革，把全面从严治团贯穿自身建设始终。

以习近平新时代中国特色社会主义思想为统领。在习近平新时代中国特色社会主义这一宏大体系中，习近平总书记关于青年工作的重要思想熠

"打虎拍蝇"反映了党中央在从严治党、惩治腐败这一大是大非问题上的原则立场和政策措施，既形象又深刻。

熠生辉；青年是整个社会力量中最积极、最有生气的力量，国家的希望在青年，民族的未来在青年；青年理想远大、信念坚定，是一个国家、一个民族无坚不摧的前进动力；广大青年要把正确的道德认知、自觉的道德养成、积极的道德实践紧密结合起来，自觉树立和践行社会主义核心价值观，带头倡导良好社会风气……这些重要论述，为做好新时代党的青年工作指明了前进方向、提供了根本遵循。我们要以习近平新时代中国特色社会主义思想为统领，把习近平总书记关于青年工作的重要思想落实到团的全部工作和建设之中。

以深化改革为抓手。深化共青团改革，是党的要求，更是共青团加强自身建设的迫切需要。所以，共青团一定要把握强"三性"、去"四化"的改革方向：旗帜鲜明地坚持党的领导，始终牢记肩负的政治使命，坚决

近年来，共青团山东省委在"以青年为本"工作理念的指导下守正创新，心系青年，更心向青年，推动改革向纵深迈进。

贯彻党的意志和主张，增强政治性；引导青年接受先进思想，坚持用科学理论武装青年、用远大理想鼓舞青年，增强先进性；坚持以青年为本、让青年当主角，把目光投向青年，强化服务意识，提升服务能力，增强群众性；大力整治衙门作风，解决远离群众、远离基层的问题，去机关化；减少繁复的行政手续，少打官腔，多办实事，去行政化；克服"装点门面、嫌贫爱富"的不良倾向，去贵族化；解决开展工作过分依赖娱乐活动、缺乏思想性和教育性的问题，去娱乐化。

以组织建设为核心。 首先，基层组织建设决定着共青团的影响力、战斗力和生命力。根据团员青年流动聚集状况，推进非公有制经济组织、社会组织、园区、互联网行业等领域团组织建设；适应农村改革的深化发展，巩固和活跃农村团组织，合理调整基层团组织设置，建设好乡镇团委；加强学校和机关团组织建设，不断扩大团的工作在青年中的覆盖面，做到青年在哪里，团组织就建在哪里，青年有什么需求，团组织就要开展有针对性的工作。其次，创新基层组织的活动方式。找准共青团工作与企业生产经营的结合点、着力点，扩大机关共青团工作视野，发挥国有企业、机关单位团组织的骨干作用和引领作用；扎实推进智慧团建，积极运用大数据、云计算等网络信息化手段，提升团组织感知青年和有效引导青年、组织青年、服务青年的能力水平。再次，探索联系通道。通过建设线上线下"青年之家"综合服务平台、整合团的各类网络新媒体平台、落实团干部直接联系青年制度，积极延伸团的"手臂"，丰富团的"神经末梢"，打通与青年的"最后一公里"，使共青团真正成为广大青年身边的有效存在。

以团干部为重点。 推动共青团事业不断开创新局面，关键在团干部。团干部要严格要求自己：必须坚定理想信念，高扬理想旗帜，忠诚党的事业、热爱团的工作；必须心系广大青年，坚持以青年为本，深深植根青年、充分依靠青年、一切为了青年，做青年友，不做青年"官"，努力增强党对青年的凝聚力和青年对党的向心力；必须提高工作能力，刻苦学习，勤奋工作，努力向书本学习，向实践学习，向青年学习，不断提高工作本领，掌握有效办法；必须始终保持谦虚谨慎、不骄不躁和艰苦奋斗的优良作风，不折不扣遵守中央八项规定，坚决反对形式主义、官僚主义、享乐主义和奢靡之风这"四风"，着力解决广大青年反映强烈的突出问题，养成慎始、慎独、慎微的意识，为做好团的工作提供坚强作风保证。

以团员质量为基础。共青团员是青年中的先进分子，团员先进性是团组织先进性的基石，所以要从各方面提高团员素质。一是加强团员队伍建设，要以增强先进性为出发点和落脚点，把政治先进摆在首位，做青年表率。二是开展团员教育，以学习习近平新时代中国特色社会主义思想和党的最新代表大会精神为主线，深化党史、新中国史、改革开放史、社会主义发展史教育，常态化开展各类面向团员的主题教育活动，增强团员的光荣感和团员意识。三是把好团员入口关，提高团员质量，推荐优秀团员作党的发展对象，着力解决"失联"团员问题，稳妥处置不合格团员。四是落实"三会两制一课"等制度，规范入团仪式、超龄离团、组织关系接转、团内统计等基础团务，做好服务团员的工作，努力为团员解决实际困难，使广大团员真正感受到组织的温暖。

附录

中国共青团历次全国代表大会

# 一、中国社会主义青年团第一次全国代表大会

（1922年5月5日—10日）

1922年5月5日，中国社会主义青年团第一次全国代表大会在广州市隆重开幕。这次会议的召开，标志着全国性的、统一的青年团组织的正式成立。

在此之前，中共中央局和团上海临时中央局为召开团的一大作了精心筹备。1920年8月以来，各地在建立党的早期组织的同时，也建立了社会主义青年团早期组织。特别是1921年7月中国共产党正式成立后，加强了对青年工作的领导，提出了关于青年团组织建设的明确要求。这样，"建立一个总的社会主义青年团"就提上了议事日程。

1922年2月，上海团临时中央局向各地团组织发出通知，准备于4月在上海召开团一大。

在青年共产国际代表达林的指导帮助下，4月由张太雷、达林、蔡和森三人组成委员会，起草社会主义青年团的纲领和章程。

5月1日下午，中国社会主义青年团一大筹备会议在广州召开，决定成立"中国S.Y.（社会主义青年团的英文简称）第一次大会办事处"，设总务委员会、组织委员会、审查委员会，分头进行大会筹备相关工作。

可见，团的一大准备工作比较充分，而且专门设办事处和各委员会，程序比较规范，这与党的重视与领导是分不开的。

关于青年团一大，有两个细节值得关注。

一是为什么选择在广州召开？团临时中央局当时设在上海，通知各地团组织开会时的地点也是定在上海。收到会议通知后，中共广东支部领导人谭平山向团临时中央局领导人写了一封信，信中建议将大会地点改在广州。因为香港海员大罢工胜利后，广州成为当时全国工人运动最发达的地区之一，政治环境比较好。

二是为什么在1922年5月5日召开？5月1日是国际劳动节。在共产党领导的中国劳动组合书记部的提议下，这一天在广州召开全国劳动大会，在纪

念劳动节的同时，联合全国各工会团体开展革命斗争。大会5月1日开幕，历时6天。5月5日，是无产阶级革命导师马克思诞辰104周年纪念日。党、团中央将团的一大召开时间定为这一天，一方面是考虑到全国劳动大会代表也可以参加，另一方面是表明中国社会主义青年团是信仰马克思主义的真正的革命团体。

开幕式在广州市东园的广场上举行。园内有一座竹子搭的凉棚，被布置成一个主席台，台上挂着一幅马克思画像。出席大会的正式代表共25人，分别来自上海、北京、广州等15个地方团组织，代表全国约5000名团员。青年共产国际达林等两位代表、中共中央局领导人陈独秀、张国焘以及来宾出席开幕式，加上全国劳动大会代表共1500多人。开幕式上，首先由张太雷致开幕词，接着领导和来宾、会议代表共16人发表演说。中共中央局领导人陈独秀作了题为《马克思主义两大精神》的讲演。

大会历时6天，共举行了8次会议。会议听取了施存统代表青年团临时中央局和上海团的情况报告，以及各地代表所作的关于本地团的情况报告，讨论通过了《中国社会主义青年团纲领》《中国社会主义青年团章程》等文件。

大会的最后一天（5月10日）晚上，代表们以无记名投票的方式选举产生了团的第一届中央执行委员会，高君宇、施存统、张太雷、蔡和森、俞秀松当选为中央执行委员，施存统被选为中国社会主义青年团第一任书记。

中国社会主义青年团第一次全国代表大会宣告了中国社会主义青年团的成立，中国社会主义青年团实现了思想上、组织上的完全统一。从此，中国青年团组织正式诞生了。

 二、中国社会主义青年团第二次代表大会

（1923年8月20日—25日）

1923年8月20日，中国社会主义青年团第二次代表大会在南京开幕，包括青年共产国际（当时习惯称少共国际）代表、中共中央代表、团中央代表及来自长沙、北京等各地代表共30余人参会，代表全国2000多名团员。

这次大会是在国共合作的大背景下召开的。中国社会主义青年团一经正式成立，就积极投身革命洪流之中，紧跟共产党参加各项活动，有组织地领导团员青年投身工人运动，还组织开展了反帝反封建的学生运动。在实践中共产党人开始认识到，中国革命力量还很小，而反革命的敌人异常强大，要实现反帝反封建的革命纲领，仅仅靠工人阶级孤军奋战是不够的，必须争取一切可能的同盟者，结成最广泛的统一战线，革命才有胜利的可能。

在共产国际的积极推动下，中国共产党酝酿与国民党合作事宜。1923年6月，中国共产党在广州召开第三次全国代表大会，决定采取党内合作的形式同国民党建立联合战线，也就是共产党党员加入国民党，努力扩大国民党的组织，使全中国革命分子集中于国民党。在当时形势下，与国民党合作是唯一正确的选择。

8月，青年团二大在南京国立东南大学召开，也是团的历史上唯一一次在高校召开的全国代表大会。执行主席邓中夏致辞，瞿秋白受青年共产国际代表的委托参会并致祝辞，既肯定了五四运动以后，中国的青年已群起作反抗国际资本帝国主义及国内军阀之革命运动，同时也指出青年团运动存在组织和宣传上的缺点。

这次大会有一个突出亮点是，作为中共中央代表的毛泽东参会并先后致辞。毛泽东既是湖南党组织的创始人之一，也是湖南青年团的创始人之一。这次大会原定在长沙召开，为此团中央书记施存统曾就此写信给毛泽东。毛泽东表示，青年团长沙地方执行委员会议决照办，并提出开会日期改在党的三大之后为宜。这一建议非常中肯，于是团中央将会议日期定于7月10日。后因长沙发生日本水兵枪杀中国平民的"六一惨案"，局势恶化，会议改在南京召开。毛泽东在发言中希望青年团今后训练团员到群众中去，从事于脚踏实地的工作。

三、中国社会主义青年团第三次全国代表大会

（1925年1月26日—30日）

1925年1月26日，中国社会主义青年团第三次全国代表大会在上海召开。

出席会议有表决权的代表18人，代表全国2400多名团员，另有特请列席3人，特准旁听2人，主席团5人。

这次大会是紧跟在党的四大后召开的。第一次国共合作建立以来，国民革命从中国南部扩大到中部和北部，从国共两党扩大到工人、农民、士兵、青年学生和中小商人，革命形势全面发展。为加强对日益高涨的革命运动的领导，1925年1月11日—22日，党的四大在上海举行。大会专门通过了《对于青年运动之议决案》，对团的工作提出两个方面的重要规定：一是明确社会主义青年团在政治上要绝对地受党指导，而在青年工作范围以内须有自由活动的可能，为处理好党团关系指明了方向。二是明确了青年团最重要的青年工作有三个方面，即青年工作运动、青年农民运动和青年学生运动，要求青年团在将来联合的团体中能获得指导的地位而能指挥中国一般的青年运动。为了把开会时间安排在党的四大之后，青年团三大召开日期数次变动，团中央组成了大会议案准备委员会。

党的四大闭幕刚刚5天，1925年1月26日，团的三大就开幕了。大会首先通过主席团、秘书、各委员会名单和议事日程、会场规则。接着青年共产国际代表发表了演说。之后，大会一致决议不再沿用"中国社会主义青年团"的名称，改称"中国共产主义青年团"。

大会根据党的四大决议和对青年运动的指示精神，总结了青年团二大至三大期间的工作，通过了《中国共产主义青年团第三次大会告世界青年无产阶级及各被压迫民族青年书》《关于C.P.第四次大会代表报告决议案》以及宣传、组织、团员教育和经济斗争等11个决议案，并修改了团的章程。

四、中国共产主义青年团第四次全国代表大会

（1927年5月10日—16日）

1927年5月10日，中国共产主义青年团第四次全国代表大会在武汉召开。出席这次大会的各方面代表共计60余人，其中正式代表39人，代表全国3.7万余名团员。

这次大会是在革命形势发生重大转折、大革命面临失败的时刻召开的。国共两党共同进行的北伐战争在10个月的时间里,从广州打到武汉、上海、南京,取得辉煌战果。这时,一个来自革命阵营内部的危机悄然降临。身为国民革命军总司令的蒋介石随着实力的极大膨胀,其仇视工农群众的面目日益公开化,压迫共产党和工农革命力量的趋势更加明显。1927年4月12日,终于在上海演变为一次血腥的反革命政变,收缴工人纠察队枪械,随后疯狂搜捕和屠杀共产党员和革命群众。在此前后,四川、江苏、浙江等地也发生反革命大屠杀,革命形势急转直下,陷入一片血雨腥风、白色恐怖之中。面对不断恶化的革命形势,共产党于1927年4月27日—5月9日在武汉召开第五次全国代表大会,提出争取无产阶级对革命的领导权等正确原则,但是没有提出有效的具体应对措施。

在党的五大闭幕的第二天,5月10日,在党的五大召开的地点——武昌高等师范学院附属小学小礼堂内,共青团四大开幕。会场上悬挂着革命导师马克思、列宁等的肖像,四处张贴着革命标语,四周排列着头围红布、手持木棒、身穿劳动制服的童子团,墙上挂满了各工农及青年团体送的礼物。出席大会开幕式的除了中共中央代表、共产国际代表、青年共产国际代表外,还有来自苏联、英国、法国、美国的共青团代表以及来自湖北的一些列席代表。

大会由共青团中央总书记任弼时致开幕辞,然后是各方面代表致辞、作报告。大会经过认真讨论,决定的主要问题有:接受中国共产党所决定的争取中国革命的非资本主义前途的决议,接受党对土地问题解决的方式和青年共产国际的指示,肯定共青团工作的方针等;青年工人经济斗争的问题;加强对农村青年的工作;团和军队的工作;等等。

这次大会表明,共青团组织在中国革命处于低潮时期,没有被反动派的屠杀所吓倒,仍然在坚定不移地做党的忠实助手,领导全团同志及青年继续战斗,决心跟着共产党把中国革命进行到底。

五、中国共产主义青年团第五次全国代表大会

（1928年7月12日—16日）

1928年7月12日，中国共产主义青年团第五次全国代表大会在苏联莫斯科召开，这是团的历次全国代表大会中唯一一次在国外召开的大会。到会代表46人，其中有发言权、表决权和选举权的代表22人，只有发言权的代表24人。

这次大会是在革命处于低潮、寻求新的出路的背景下召开的。团的四大召开后才两个月，1927年7月，武汉国民党中央召开"分共"会议，决定同共产党决裂，轰轰烈烈的大革命彻底地失败了。在白色恐怖下，革命力量遭到严重破坏。据不完全统计，1927年3月到1928年上半年，被杀害的共产党人、共青团员和革命群众达31万多人，其中共产党员2.6万人；团员数量由团的四大时的3.7万人，半年后下降到1.7万人。

在革命的生死存亡关头，怎么办？是被吓倒不干还是奋起反抗？

共产党人以自己的实际行动作出鲜明回答。他们从地上爬起来，揩干净身上的血迹，掩埋好同伴的尸首，又继续战斗了。首先是武装起来，举行起义。南昌起义打响了武装反抗国民党反动派的第一枪，紧接着是秋收起义、广州起义等一系列起义。同时，召开八七紧急会议，确定武装暴动和土地革命的总方针。但是，在复杂多变的革命形势面前，如何认清大革命失败以后的政治形势，找到中国革命的正确之路，特别是如何争取革命领导权、如何领导农民实行土地革命、如何对待武汉国民政府和国民党，如何建立对党来说最为迫切的革命武装等问题，亟待召开党的全国代表大会集中全党智慧研究加以解决。

但是在当时的中国，共产党连召开一次代表大会的地方都找不到。据在赣东北开展革命工作的方志敏回忆：那时形势危急，连藏身地也难找到。日间不能走路，要在夜间悄悄地走；大路不能行，要找偏僻的小路走；房屋不能住，要躲到树林里、岩石下或水沟里的茅棚里去住，稍一不慎，就有被敌人打死和被俘的危险。几经曲折和紧张的筹备，党的六大最终于1928年6月18日—7月11日在莫斯科召开，对一系列存在严重争论的有关中国革命的基本问题作出了基本正确的回答，进一步统一了全党的思想。

党的六大闭幕后，团中央向党中央和青年共产国际提出请求要在莫斯科召开团的五大。此前，团中央决定党的六大之后召开一次团中央扩大会议，得到党中央批准后向各省共青团组织发出选派代表参会的通知。选派出来的多数代表克服重重困难，辗转几千甚至上万公里从国内来到莫斯科。这时，召开团的全国代表大会的条件已经基本具备。

党的六大闭幕第三天，1928年7月12日下午3时，团五大在莫斯科郊外约40公里的一座庄园里开幕。这里僻静安全，很适合召开我党和团的大会。会场设在庄园主楼，因其墙是白色的，在阳光下闪着银色的光辉，因而又称为"银色别墅"。主楼共有三层，有七八十个房间，代表开会、住宿和活动都在这里。

首先，由大会执行主席致开幕词，提出大会要在党的正确领导下，解决共青团面临的各项问题，制定今后的政策。接着是中共中央代表等致辞。会议期间，少共国际代表、中共中央代表、团中央代表分别作工作报告。大会在系统总结团四大以来工作经验教训的基础上，充分肯定了大革命失败以后共青团所发挥的重要作用，确定了共青团的基本任务。大会讨论通过《政治任务决议案》《组织问题决议案》《教育宣传工作决议案》等8个决议案，并重新修正了团章。

六、中国新民主主义青年团第一次全国代表大会

（1949年4月11日—18日）

1949年4月11日，中国新民主主义青年团第一次全国代表大会在北平（今北京）召开。出席大会的代表有战斗英雄、劳动英雄、优秀学生及中国青年运动各个历史时期的青年代表共340人，其中正式代表323人，列席代表17人，代表全国19万名团员。这是新民主主义革命时期召开的最后一次团代会，距离上一次团代会已过去21年，是相隔时间最长的一次团代会。

在这21年间，革命形势发生了翻天覆地的变化。从1928年到1934年，土地革命经历了复兴又遭受失败，党中央和中央红军被迫长征，1935年胜利到达陕北。从1937年至1945年，国共两党组成抗日民族统一战线，打败了日本帝国主义。之后国民党发动内战，到1949年人民解放战争进入到夺取全国胜利的决定性阶段。

从1937年起，各根据地青年团改造为青年救国联合会等抗日团体，团中央及各级团组织停止工作，到1945年抗战胜利后，青救会已经完成了历史使命。为了团结带领广大青年迎接新的革命高潮，各解放区陆续开展试建青年团工作。进入1949年，解放军以摧枯拉朽之势取得胜利，青年团组织有了很大发展，新解放的大城市团组织也都建立起来。在这种情况下，建立全国性的统一的青年团组织的条件已经成熟。因此，党中央适时作出1949年夏季召开中国新民主主义青年团第一次全国代表大会的决定。

1949年4月11日大会开幕。毛泽东、朱德为大会题词。毛泽东的题词是：同各界青年一起，领导他们，加强学习，发展生产。朱德代表党中央和中国人民解放军总部向大会致贺，号召青年同志们很好地学习和人民群众在一起，很好地建设一个新中国、新世界。任弼时代表中共中央向大会作政治报告，冯文彬作青年团的任务与工作的报告，会议通过了《中国新民主主义青年团工作纲领》、团章等。

大会闭幕后第四天，4月21日上午，毛泽东、朱德在香山接见出席这次大会的部分代表。次日，周恩来向参加大会的全体代表作了重要讲话，要求青年团有一个好作风，教育大家要谦虚，要搞大圈子，要团结广大人民群众一道前进。

七、中国新民主主义青年团第二次全国代表大会

（1953年6月23日—7月2日）

1953年6月23日，中国新民主主义青年团第二次全国代表大会在北京召开。出席大会的代表495人，列席代表153人，代表全国900万名团员，应邀出席大会的还有苏联列宁共产主义青年团代表团以及朝鲜、越南等国的青年代表。

与此前召开的团的历次全国代表大会不同的是，这是在新民主主义革命取

得胜利、新中国成立后举行的第一次团的全国代表大会。从1949年到1952年底，为巩固新生的人民政权，党中央统筹国内国际两个战场，指挥人民解放军展开了大规模的剿匪斗争，并开赴朝鲜战场，抗美援朝，保家卫国。与此同时，党领导了大规模的土地改革和各项建设，胜利完成了恢复国民经济的艰巨任务。这一时期，青年团响应党的号召，带领团员青年积极参加土地改革和工农业生产，为恢复国民经济忘我劳动，积极动员青年参加中国人民志愿军，投身抗美援朝的伟大斗争。

从1953年开始，党及时决定实施发展国民经济的第一个五年计划，形成和提出了"一化三改"的党在过渡时期总路线，逐步实现国家的社会主义工业化，实现国家对农业、手工业和资本主义工商业的社会主义改造。新的形势任务对团的建设发展提出了新的要求。召开新一届青年团的全国代表大会被提上议事日程。

1953年6月23日下午，大会在北京中南海怀仁堂举行。下午4时，大会执行主席胡耀邦宣布大会正式开幕，全场起立，唱国歌，蒋南翔致开幕词。刘少奇代表中共中央向大会致辞，充分肯定青年团4年来的工作成绩，阐述进入有计划经济建设时期全国人民新的历史任务，要求青年团发挥党的助手和后备军的作用，站在为国家工业化而斗争的最前列。

大会召开期间的6月30日，毛泽东、朱德、刘少奇、周恩来等党和国家领导人接见了大会主席团，毛泽东即席发表了题为《青年团的工作要照顾青年的特点》的重要谈话，提出以"三好"（身体好、学习好、工作好）作为青年团工作的方向，把从实际出发、从青年特点出发作为青年团工作的基本方法。

大会历时10天，于7月2日闭幕。大会听取、讨论和通过了胡耀邦作的题为《团结全国青年在建设祖国伟大行列中奋勇前进》的工作报告，修改并通过了团章。朱德在闭幕时致辞，勉励青年团在毛泽东同志光辉旗帜的指引下，引导青年积极参加伟大祖国的建设，把青年引向共产主义道路。

八、中国新民主主义青年团第三次全国代表大会

（1957年5月15日—25日）

1957年5月15日，中国新民主主义青年团第三次代表大会在北京召开。出席大会的有正式代表1493人，列席代表70人，代表全国2300万名团员。苏联、朝鲜、罗马尼亚、民主德国等国家青年组织代表应邀出席了大会。

这次大会是在社会主义改造基本完成、社会主义制度初步建立的重要关头召开的。在过渡时期总路线的指引下，到1956年生产资料私有制的社会主义改造取得了决定性胜利。农民、手工业者等劳动群众个体所有的私有制，基本上转变为劳动群众集体所有的公有制，资本家所有的资本主义私有制基本上转变成国家所有制即全民所有的公有制。社会主义改造基本完成后，党开始探索中国自己的建设社会主义的道路，转入了全面的大规模的社会主义建设阶段。

1956年9月15日至27日在北京举行党的八大，高度评价了青年团的工作成绩，对青年团工作提出了明确的要求，指出了正确的方向，为加强团的建设发展提供了根本指导。在此基础上，团中央书记处多次召开会议，就贯彻落实党的八大相关精神、搞好新一届团的全国代表大会筹备工作等问题进行座谈讨论，提出了许多富有建设性的意见。

1957年5月15日下午，大会执行主席廖承志宣布大会开幕，并致开幕词，庄重宣布：中国新民主主义青年团已经完成了自己的历史使命，将要在这次大会上改名为中国共产主义青年团。毛泽东、刘少奇、周恩来、朱德、陈云、邓小平等党和国家领导人出席了大会开幕式。邓小平代表党中央向大会致祝词，向全体团员提出了要求和希望。大会听取并通过了胡耀邦代表第二届中央委员会所作的工作报告——《团结全国青年建设社会主义的新中国》。报告总结了4年来团的工作，明确提出青年团的总任务，把我国青年在建设社会主义的伟大斗争中的任务用三个口号来概括：积极劳动、努力学习、加强团结。

大会还通过了《关于将中国新民主主义青年团改名为中国共产主义青年团的决议》，指出在新民主主义革命已经完成，社会主义革命也已经取得决定性的胜利的情况下，再把我们团的名称继续叫作"中国新民主主义青年团"已经不合适了，一致通过将其改名为"中国共产主义青年团"；并指出，应将改名以后团的全国代表大会和过去的中国社会主义青年团、中国共产主义青年团以及中国新民主主义青年团的历次代表大会相衔接，依照次序加以排列，把下一次的全国代表大会定名为中国共产主义青年团第九次全国代表大会。大会还修改了团的章程，通过了新的团章。

 九、中国共产主义青年团第九次全国代表大会

（1964年6月11日—29日）

1964年6月11日，中国共产主义青年团第九次全国代表大会在北京召开。这是中国共青团有史以来空前盛大的一次代表大会。出席大会的正式代表2396名，列席代表927人，为历届代表大会人数之最，代表全国2200万名团员。

这次大会是在党领导的社会主义建设进入艰辛探索的过程中召开的。为了尽快改变中国贫穷落后的面貌，党力图在探索社会主义建设道路中打开一个崭新的局面，既取得了许多重要的理论和实践成果，但是也先后出现"大跃进"运动、人民公社化运动等错误，反右派斗争也被严重扩大化。1964年前后，由于贯彻"调整、巩固、充实、提高"的方针，国民经济得到了迅速恢复和进一步发展。但是，党的"左"倾错误思想还没有在经济工作指导思想上得到根本纠正，并且在政治思想文化方面有了发展。在这样的形势下，共青团中央工作会议讨论并着手团的九大的各项筹备。

大会于1964年6月11日下午在北京开幕。毛泽东、刘少奇、周恩来、朱德、邓小平出席了开幕式，接见了全体代表，并同代表中的著名先进人物进行了亲切的谈话。会议期间，邓小平向大会作了政治报告，详尽分析了当前国际国内的形势，对共青团工作提出了殷切的希望，要求共青团依靠团员、依靠进步青年，按照不同青年的特点和志趣，采用多种形式，最大限度地把青年团结和组织起来。谭震林、陆定一、薄一波分别就思想建设和经济建设问题向大会作了报告。

胡耀邦代表上一届团中央委员会作了题为《为我国青年革命化而斗争》

的工作报告。报告明确社会主义时期青年工作的历史任务，提出在参加阶级斗争、生产斗争和科学实验三大革命运动中贯彻执行青年工作的马克思列宁主义路线，强调团干部应当具有"朝气勃勃，实事求是"的作风。大会还通过了新的团章。

十、中国共产主义青年团第十次全国代表大会

（1978年10月16日—26日）

1978年10月16日，中国共产主义青年团第十次全国代表大会在北京召开。出席大会的代表共2000人，来自54个民族，代表全国4800万名团员。

这是经历了十年"文化大革命"后召开的第一次团代会。从1966年8月起，九届团中央书记处被停职反省，《中国青年报》、《中国青年》杂志相继停刊，中央团校停办，团中央系统的领导工作中断。红卫兵在"破四旧""大串联"后，各级共青团组织也受到严重冲击，相继停止了工作。1976年10月，"四人帮"被粉碎，"文化大革命"结束。1977年8月召开的党的十一大，要求"加强党对工会、共青团、妇联等群众组织的领导"，并提出要把"这些组织整顿好、建设好，充分发挥他们应有的作用"的任务。为此，1978年5月4日，恰逢中国青年节，中共中央发出关于召开中国共产主义青年团第十次全国代表大会的通知（也称五四通知），决定共青团十大在当年10月召开，并明确了大会的任务。不久，共青团十大筹备委员会成立并召开第一次会议，各项筹备工作稳步推进。这期间，中央团校、团的报刊相继恢复，各项工作逐步走向正轨。

1978年10月16日下午，团十大在北京人民大会堂召开。中共中央和国家领导人华国锋、叶剑英、邓小平、李先念等出席了开幕式，并在会议期间接见了全体代表。会议首先由共青团十大筹委会副主任王照华致开幕词，接着中共中央副主席李先念代表党中央和国务院向大会致辞，阐明青年一代新的历史使命，强调："培养教育青年的工作，是全党的事业。""要把关心青少年作为我们党的一条基本方针。"大会听取、讨论和通过了韩英代表团十大筹委会所作的《为伟大的新长征贡献青春》的工作报告，报告全面总结了团的九大以

来我国青年在斗争中成长的基本经验,根据新时期的总路线和总任务,明确提出了当前和今后一个时期我国青年的光荣使命和加强共青团建设的任务。大会还听取和讨论了胡启立所作的关于修改团的章程的报告,通过了修改后的团章。

十一、中国共产主义青年团第十一次全国代表大会

(1982年12月20日—30日)

1982年12月20日,中国共产主义青年团第十一次全国代表大会在北京召开,这是实行改革开放以来举行的第一次团代会。出席大会的代表1964人、候补代表149人,代表全国4800万名团员。

这次大会是在共青团实现了指导思想的拨乱反正后召开的。1978年12月,以党的十一届三中全会为标志,我国开启了改革开放的伟大征程。从1979年到1982年,以邓小平为核心的党中央带领全党开展了全面而卓有成效的拨乱反正。共青团中央按照中共中央的部署,认真清理共青团工作中的"左"倾错误思想,推动指导思想、活动内容、组织形式、工作方法和领导作风实现根本性转变。1982年9月召开的党的十二大,制定了全面开创社会主义现代化建设新局面的奋斗纲领,指出青年工作的状况还落后于现实生活的要求,殷切希望青年在历史性进军中作出新的更大的贡献。按照党的十二大相关精神,为了动员全国各族青年勇敢地承担起党赋予的时代使命,在开创建设有中国特色社会主义事业新局面的伟大进程中再创佳绩、再立新功,共青团中央积极筹备第十一次全国代表大会。

1982年12月20日下午,团十一大在北京人民大会堂隆重开幕。党和国家领导人胡耀邦、邓小平、陈云等出席了开幕式,并接见了全体代表。中共中央书记处书记胡启立代表党中央向大会致祝词,对团和青年寄予殷切的期望。在团十届四中全会增选的团十届中央书记处第一书记王兆国向大会作了题为《团结全国青年,向社会主义现代化光辉前程进军》的工作报告,对共青团十大以来全团工作进行实事求是的总结,提出我国青年在社会主义现代化建设中的光荣任务,就改进共青团工作、加强共青团建设作出部署。

大会审议并通过了新的团章。针对团的建设方面现实存在的问题，对加强团的自身建设作了一些新的规定和补充。其中最重要的修改包括：关于团的性质，恢复了"后备军"的提法，强调共青团是广大青年"在实践中"学习共产主义的学校；对团员年龄上限由25岁改为28岁；增写了"团的干部"一章等。

这次大会的一个突出特点是，会议期间自始至终充满着党和老一辈革命家对共青团和青年一代的爱护和信任，洋溢着各族青年对党和老一辈革命家的爱戴和崇敬。一些老同志或者寄语青年，或者出席会议，或者与青年们座谈，表达他们对青年一代的殷切期望，甚至有的老同志不顾医生劝阻，抱病从医院赶来出席会议。代表们时时处处感受到老一辈革命家对青年一代的关怀，也深深地为这种关怀而感动。

十二、中国共产主义青年团第十二次全国代表大会

（1988年5月4日—8日）

1988年5月4日，中国共产主义青年团第十二次全国代表大会在北京召开。出席会议的代表共2027名，代表全国5600万名团员。

这次大会是在社会主义现代化建设全面展开，提出党在社会主义初级阶段基本路线的背景下召开的。党的十二大以来，我国城乡改革全面推进，展现出农业和工业、农村和城市相互促进的生动局面。这期间，各级团组织在党的正确领导下，团结带领全国各族团员、青年，怀着极大的政治热情投身经济建设和改革事业，为推进改革开放和社会主义现代化建设作出了突出贡献。

1987年10月召开的党的十三大，系统阐述了社会主义初级阶段的理论，明确概括了党在社会主义初级阶段的基本路线，为共青团深入总结新时期青年工作的经验，探索工作方向和任务提供了契机和必要的条件，同时也为筹备召开共青团十二大提供了思想理论基础。党中央对此高度重视，先后4次在政治局常委会、书记处办公会上讨论了团的十二大文件和青年工作，中央领导人多次研究和过问会议的筹备情况，会议筹备期间还得到老一辈革命家的关心支持。

1988年五四青年节下午，近2000名各族代表带着上午登上天安门和在劳动人民文化宫游园后的喜悦,唱着歌儿来到人民大会堂,出席共青团十二大开幕式。胡启立代表中共中央在大会上致祝词《希望在青年》,指出在深化改革、扩大开放的新形势面前,共青团的任务就是带领青年投入改革和社会主义现代化建设的伟大实践,引导青年在这个实践中成为一代"四有"新人,要求共青团积极地、有步骤地进行团的体制改革,积极参与社会协商对话、民主管理和民主监督,把工作重点放在基层等。

宋德福代表共青团第十一届中央委员会作了题为《在建设有中国特色社会主义的伟大实践中继往开来艰苦奋斗》的工作报告,阐述了改革开放条件下共青团工作的指导思想、基本经验,明确提出带领青年为发展生产力艰苦创业、在改革开放的环境中造就一代"四有"新人、进一步加强共青团的队伍建设、积极稳妥地搞好团的体制改革的工作任务。大会在充分听取代表意见的基础上,通过了关于工作报告的决议、关于实行团员证制度的决议、关于确定《光荣啊,中国共青团》为代团歌的决议,通过了团章部分条文修正案决议。

十三、中国共产主义青年团第十三次全国代表大会

(1993年5月3日—10日)

1993年5月3日,中国共产主义青年团第十三次全国代表大会在北京召开。来自全国各地各民族的1868名团员青年代表出席了本次大会,代表全国5680万名团员。

这次大会是在我国确立社会主义市场经济体制的条件下召开的。20世纪90年代初,东欧剧变、苏联解体,社会主义在世界范围内处于低潮。面对复杂的形势,相当一部分干部群众的思想产生困惑。一些人对社会主义前途缺乏信心,有的对改革开放提出姓"社"还是姓"资"的疑问,对党的基本路线产生动摇。

1992年初,邓小平视察南方,发表了重要谈话,对多年来困扰和束缚人们思想的许多重大问题作了精辟阐述,扫除了人们对改革开放的种种疑虑。10月,党的十四大召开,确立了邓小平建设有中国特色社会主义理论在全党的指导地位，明确提出我国经济体制改革的目标是建立社会主义市场经济体制。以此为标志，我国改革开放和社会主义现代化建设进入新的发展阶段。社会主义市场经济体制目标的确立，进一步为中国青年指明了前进方向，描绘出宏伟蓝图。

1993年5月3日下午，团十三大在人民大会堂隆重开幕。中共中央和国家领导人江泽民、乔石、李瑞环、朱镕基、刘华清、胡锦涛等出席了大会开幕式，并亲切接见了全体会议代表，与大家合影留念。开幕式上，胡锦涛受中共中央委托向大会致了题为《肩负起历史的重任》的祝词，总结了中国青年运动最重要最根本的宝贵经验，阐明了中国青年和共青团在未来历史发展阶段的崇高使命和光荣任务，对广大青年提出了殷切希望。李克强代表共青团十二届中央委员会作了题为《高举建设有中国特色社会主义的伟大旗帜，团结带领各族青年为加快改革和现代化建设而奋斗》的工作报告，回顾了改革开放15年来青年和共青团的奋斗足迹，明确了当代中国青年肩负的历史责任，提出用建设有中国特色社会主义的理论教育青年、带领青年投身经济建设主战场、积极为青年健康成长服务、努力加强和推进共青团建设的工作任务。大会审议通过了李克强所作的工作报告，修改并通过了团章。

十四、中国共产主义青年团第十四次全国代表大会

（1998年6月19日—25日）

1998年6月19日，中国共产主义青年团第十四次全国代表大会在北京召开。出席这次大会的有38个代表团、1469名代表，肩负全国6850万团员的嘱托，商讨决定共青团跨世纪的工作任务和目标。

这次大会是在世纪之交，我国改革开放和社会主义现代化建设承前启后、继往开来的重要时刻召开的。党的十四大以来，党领导全国各族人民继续沿着有中国特色社会主义道路阔步前进，在建立社会主义市场经济体制的深刻变革进程中，妥善处理改革、发展、稳定的关系，在各个领域取得巨大成就。1997年9月召开的党的十五大，在世纪之交进行回顾和展望，就建设有中国特色社会主义的经济、政治、文化作出全面部署，确定了我国跨世纪的发展蓝图，明确回答了国际国内普遍关注的中国面向21世纪怎样继续前进这个重大的问题，为全国人民指出了正确的前进方向。对于即将成为实施这一蓝图生力军的跨世纪的一代中国青年，这既是时代赋予他们的使命，也是党和人民在他们身上寄托的无限希望。面对如此重大的历史责任，广大青年既感到无比自豪，同时更感到肩上责任的重大。为了促使广大青年不辱使命、真正承担起党赋予的历史责任，作为青年运动核心组织的中国共青团作出了积极的反应和回答。

1998年6月19日下午，团十四大在北京人民大会堂隆重开幕。党和国家领导人江泽民、李鹏、朱镕基、李瑞环、胡锦涛、尉健行、李岚清等亲切会见了全体代表和工作人员，并与他们合影留念，然后出席了大会开幕式。胡锦涛受中共中央委托向大会致了题为《迈向新世纪，创造新业绩》的祝词，回顾了一个世纪以来中国青年运动波澜壮阔的历史，高度评价了青年和共青团的历史作用，对跨世纪一代青年提出热切希望。

大会主席团常务主席周强代表共青团第十三届中央委员会作了题为《在邓小平理论指导下团结带领各族青年为实现党的跨世纪宏伟目标而奋斗》的工作报告，回顾了5年来的工作，提出面向新世纪中国青年的历史使命，明确跨世纪新征途中共青团的光荣任务，并就如何加强新形势下共青团自身建设作出安排。大会审议通过了周强所作的工作报告，修改并通过了团章。

6月24日上午，中共中央邀请出席团的十四大的1400多名代表参观中南海。中共中央总书记、国家主席、中央军委主席江泽民在中南海瀛台亲切接见了60多位来自56个民族的团十四大代表，并在中南海勤政殿与团中央新一届领导成员和部分代表进行座谈，作了重要讲话。

十五、中国共产主义青年团第十五次全国代表大会

（2003年7月22日—26日）

2003年7月22日，中国共产主义青年团第十五次全国代表大会在北京召开。这是进入21世纪以来召开的第一次团代会，也是首都北京在抗击"非典"

取得阶段性重大胜利之后规模最大的一次全国性会议，来自全国各地的1500多名团员代表出席了本次大会，代表全国6980万名团员。

这次大会是在进入新世纪、我国迈进全面建设小康社会的发展阶段而召开的。在迈向新世纪的征途上，经过全党和全国各族人民的努力奋斗，我国社会主义现代化建设和经济社会发展处于一个新的起点上。在此背景下，2002年11月召开的党的十六大提出，充分利用21世纪头20年的重要机遇期，全面建设惠及十几亿人口的更高水平的小康社会的奋斗目标。实现全面建设小康社会宏伟目标的历史时期，是中国共产党团结带领全国各族人民开创中国特色社会主义事业新局面的重要时期，也是中国各族青年发挥聪明才智、实现人生理想的重要时期，这其中蕴涵着共青团发展的宝贵机遇，也是中国青年的宝贵机遇。这表明，进入新世纪新阶段，共青团事业的发展也处在一个新的历史发展起点上。为了贯彻党的十六大精神，使共青团工作在新征程上开好局、起好步，团中央对十五大的各项筹备工作进行了精心的部署。

2003年7月22日上午，雄伟的人民大会堂响彻着青春的激昂旋律。9点，党和国家领导人胡锦涛、吴邦国、温家宝、贾庆林、曾庆红、黄菊、吴官正、李长春、罗干等在人民大会堂二楼宴会厅会见出席共青团十五大的全体代表，并同大家合影留念，然后进入人民大会堂出席大会的开幕式。中共中央政治局常委吴官正代表党中央发表了题为《在全面建设小康社会的伟大实践中谱写新的青春乐章》的祝词，高度评价了改革开放以来青年和共青团组织作出的突出贡献，勉励广大青年坚定地跟党走中国特色社会主义道路，积极投身全面建设小康社会的伟大实践，奉献青春，开拓奋进，不断创造无愧于时代的业绩。周强代表共青团第十四届中央委员会作了题为《在"三个代表"重要思想指引下团结带领广大青年为全面建设小康社会而努力奋斗》的工作报告。报告回顾了五年来共青团的新发展，总结了必须始终坚持的基本经验，号召广大青年积极投身社会主义物质文明、政治文明和精神文明建设，要求共青团竭诚为青年成长发展服务、加强和改进自身建设。

7月25日下午，中共中央总书记、国家主席胡锦涛在北京中南海怀仁堂同团中央新一届领导班子成员和团十五大部分代表座谈，并作重要讲话，向全国广大青年提出了要勤于学习、要善于创造、要甘于奉献的三点希望，要求共青团在工作思路上要创新、在工作方式上要创新、在自身建设上要创新。

十六、中国共产主义青年团第十六次全国代表大会

(2008年6月10日—13日)

2008年6月10日,中国共产主义青年团第十六次全国代表大会在北京召开。来自全国各地的1500多名团员代表出席了本次大会,代表全国7500多万团员。

这次大会是在全党全国各族人民深入学习贯彻党的十七大精神的形势下召开的。2007年10月召开的党的十七大,提出了实现全面建设小康社会奋斗目标的新要求,描绘了在新的历史条件下继续全面建设小康社会、加快推进社会主义现代化的宏伟蓝图,为推动党和国家事业发展指明了前进方向,同时也为共青团做好新形势下的青年工作指明了前进的方向。

为深入了解新形势下的青年和共青团工作,同时也为筹备共青团第十六次全国代表大会作准备,团中央于2007年7月至9月抽调专门力量,就新形势下青年和共青团工作赴28个省(区、市)开展了为期3个月的蹲点调研和专题调研。通过调研,他们获得了大量的第一手资料,为团的十六大的筹备和今后工作提供了基本依据。

2008年6月10日上午,团十六大在人民大会堂隆重开幕。胡锦涛、吴邦国、温家宝、贾庆林、李长春、习近平、李克强、贺国强等党和国家领导人到会祝贺。李长春代表党中央发表了题为《在发展中国特色社会主义的伟大征程上创造新的青春业绩》的祝词,回顾了我国改革开放30年波澜壮阔的伟大历程,高度评价了共青团组织和青年作出的贡献,希望当代青年勇敢肩负起时代重任,努力开创新时期共青团工作的新局面。陆昊代表共青团第十五届中央委员会作了题为《高举中国特色社会主义伟大旗帜 团结带领广大青年为夺取全面建设小康社会新胜利而奋斗》的报告。报告全面总结了过去5年的工作,明确了当代青年的光荣使命和新时期共青团的光荣职责,从组织青年、教育青年、维护青年、服务青年、团的自身建设等方面对未来5年工作作出部署。大会审议并通过了这一工作报告,还通过了修改后的团章。

6月14日,中共中央总书记、国家主席、中央军委主席胡锦涛在中南海

怀仁堂同团中央新一届领导班子成员和团十六大部分代表座谈,并作重要讲话,对全国青年提出了"要坚定理想信念""要勤奋刻苦学习""要勇于艰苦创业""要培养高尚品德"四点希望。

十七、中国共产主义青年团第十七次全国代表大会

（2013年6月17日—20日）

2013年6月17日,中国共产主义青年团第十七次全国代表大会在北京召开。来自全国各地的1500多名代表,肩负着8900多万共青团员的重托出席盛会。

这次大会是在我国进入中国特色社会主义新时代的背景下召开的。2012年11月召开的党的十八大,标志着中国特色社会主义进入新时代。站在新的历史起点上,习近平总书记深刻指出,实现中华民族伟大复兴,是中华民族近代以来最伟大的梦想。这一中国梦,既是历史的、现实的,也是未来的;既是国家的、民族的,也是每一个中国人的,更是青年一代的。

伴随经济社会的快速发展和深刻变革,新时代的青年呈现出许多与父辈不同的鲜明特点,青年工作的现实基础发生深刻变化,做好新时代青年工作既面临许多新的机遇,也面临不少新的挑战。为了贯彻党的十八大精神,进一步团结动员广大青年为全面建成小康社会、加快推进社会主义现代化,实现中华民族伟大复兴的中国梦而奋斗,团中央对召开团十七大作了精心筹备。

2013年6月17日上午9时30分,团十七大在人民大会堂隆重开幕。习近平、李克强、张德江、俞正声、王岐山、张高丽等党和国家领导人在主席台就座,祝贺大会召开。刘云山代表党中央发表了题为《在实现中国梦的伟大实践中谱写壮丽的青春篇章》的祝词,充分肯定了团十六大以来各级团组织所做的大量富有成效的工作,以及为促进经济社会发展进步作出的重要贡献、为促进青年健康成长发挥的重要作用,希望广大青年要遵照习近平总书记的要求,志存高远,脚踏实地,在实现中国梦的伟大实践中勇做奋进者、开拓者、奉献者。秦宜智代表共青团第十六届中央委员会作了题为《高举团旗跟党走 奋力实现中国梦》的报告。报告系统回顾了5年来团的各项工作和建设实现的新发展,提

出为实现中华民族伟大复兴的中国梦而奋斗,就是中国青年运动的时代主题,对今后5年工作作出部署,要坚持用社会主义核心价值体系引导青年、在全面建成小康社会进程中充分发挥生力军作用、竭诚帮助青年成长发展,强调全面提高团的建设科学化水平。大会通过了这一报告和新的团章。

6月20日下午,中共中央总书记、国家主席、中央军委主席习近平在中南海同团中央新一届领导班子成员集体谈话并发表重要讲话,要求共青团紧跟党走在时代前列、走在青年前列,紧紧围绕党和国家工作大局找准工作切入点、结合点、着力点,充分发挥广大青年生力军作用,团结带领广大青年在实现中华民族伟大复兴的征途中续写新的光荣。

十八、中国共产主义青年团第十八次全国代表大会

(2018年6月26日—29日)

2018年6月26日,中国共产主义青年团第十八次全国代表大会在北京召开。来自全国各地的1500多名代表,肩负着8100多万共青团员的重托出席大会。

这次大会是在中国特色社会主义进入新时代,亿万团员青年紧跟党、紧跟习近平总书记,意气风发迈上新征程、走向民族复兴重大历史时期召开的一次十分重要的会议。团十七大以来,在新时代党和国家事业极不平凡的发展进程中,共青团取得了可喜的成绩,实现了深刻的变革。2017年10月召开的党的十九大擘画了决胜全面建成小康社会、开启全面建设社会主义现代化国家新征程的宏伟蓝图。当代青年既生逢其时,也重任在肩,既是追梦者,也是圆梦人。

做好新时代共青团工作、担当新时代共青团使命,既面临难得机遇,也面临重大挑战。为贯彻党的十九大精神,团结带领广大团员青年为决胜全面建成小康社会、全面建设社会主义现代化国家、实现中华民族伟大复兴的中国梦努力奋斗,团中央作出召开团十八大的决策部署。

2018年6月26日上午9点30分,团十八大在北京人民大会堂开幕。习近平、李克强、栗战书、汪洋、赵乐际、韩正等党和国家领导人在主席台就座,祝贺大会召开。王沪宁代表党中央发表了题为《乘新时代东风 放飞青春梦想》的

致辞，希望广大青年牢记习近平总书记的谆谆教诲，始终坚定理想信念，着力锤炼高尚品格，不断增长能力才干，永远保持奋斗精神，勇于投身创新创造，勇当实现中华民族伟大复兴的生力军，奏响新时代的青春之歌。贺军科代表共青团第十七届中央委员会作了题为《高举习近平新时代中国特色社会主义思想伟大旗帜 奋力谱写决胜全面建成小康社会全面建设社会主义现代化国家的壮丽青春篇章》的报告。报告全面总结了在以习近平同志为核心的党中央坚强领导下共青团过去5年的工作，提出坚定不移跟党走就是我们的初心，为党和人民不懈奋斗就是我们的使命，强调共青团根本任务和做好工作的基本要求，阐明强国时代青年的历史使命，对未来5年的共青团工作、改革和建设作出总体部署。会议通过了中国共产主义青年团第十八次全国代表大会关于十七届中央委员会报告的决议。大会通过了关于《中国共产主义青年团章程（修正案）》的决议。

7月2日下午，中共中央总书记、国家主席、中央军委主席习近平在中南海同团中央新一届领导班子成员集体谈话并发表重要讲话。讲话指出，共青团是党的助手和后备军。团的所有工作，归结到一点，就是要当好这个助手和后备军；关键是要抓住三个根本性问题，就是必须把培养社会主义建设者和接班人作为根本任务，把巩固和扩大党执政的青年群众基础作为政治责任，把围绕中心、服务大局作为工作主线。讲话强调，新时代的青年工作要毫不动摇坚持党的领导，坚定不移地走中国特色社会主义群团发展道路，紧紧围绕、始终贯穿为实现中国梦而奋斗的主题，让广大青年敢于有梦、勇于追梦、勤于圆梦。